MATRIMONIO: UN PACTO DELANTE DE DIOS

10 PRINCIPIOS DE ADÁN Y EVA
PARA ESTABLECER UN PACTO MATRIMONIAL SEGÚN DIOS

Pastor Jeremy Markle

Los Ministerios de Caminando en la PALABRA
Pastor Jeremy Markle
www.walkinginthewordministries.net

Matrimonio: Un Pacto Delante de Dios
10 Principios de Adán y Eva
para Establecer un Pacto Matrimonial según Dios
de Misionero/Pastor Jeremy Markle

Título en inglés:
Marriage: A Covenent Before God
10 Principles from Adam and Eve
to Establish a Marriage Covenant God's Way

REINA-VALERA
1960
®

Publicado por Los Ministerios de Andando en la PALABRA
Walking in the WORD Ministries
www.walkinginthewordministries.net

Impreso en los Estados Unidos.

ISBN: 978-0692383810

Induce

El Prólogo

Mi oración

La Introducción

El CREADOR del Pacto Matrimonial

Los Artículos

Prólogo

Hace algunos años, mientras estaba sirviendo al Señor en el campo misionero, recibí la felice noticia de que un amado miembro familiar se iba a casar. Luego, para mi agradable sorpresa, me pidió que regresara a mi país por breve tiempo con el propósito de que pudiera oficiar la boda. Después de aceptar la invitación, me di cuenta de la gran responsabilidad que estaba emprendiendo por ayudar a fundar un nuevo hogar para la gloria de Dios. Así que con la dedicación a la Palabra de Dios como pastor y por el amor familiar, empecé a estudiar las Escrituras para mostrarles el ejemplo más claro del matrimonio bíblico y que esta joven pareja pudiera aprender y seguir su ejemplo. Mi objetivo fue suministrar un fundamento firme para su relación antes de la boda con el propósito de que estuvieran preparados para la futura vida que Dios les presentaba a ellos. A través de esa búsqueda fue que Dios me llevó al principio--el principio de hombre y mujer, y el principio del matrimonio. Porque *"en el principio... creó Dios al hombre a su imagen ... y ... hizo una mujer, y la trajo al hombre."* (Génesis 1:1, 27, 2:22).

Ahora tengo el privilegio de compartir contigo lo que con amor compartí con ésos amados míos cuando se estaban preparando para entrar en un Pacto Matrimonial delante de Dios y los hombres. Estas verdades bíblicas son acompañadas por ilustraciones y aplicaciones prácticas con el propósito de que el ser amado y tú puedan crecer en el conocimiento de sí mismo y la voluntad de Dios para su futuro juntos. **Mi oración es que estos estudios con el material adicional dado proveerán un fundamento firme en el que tú puedes edificar un matrimonio y una familia que para ambos será personalmente satisfactorio y honroso a Dios hasta que la muerte los separe.**

Pastor Jeremy Markle

El CREADOR del Pacto Matrimonial

Dios es el Creador del matrimonio, el cual empezó en el huerto de Edén. Génesis 2:18-25 nos da el plan de Dios para la provisión del matrimonio entre un hombre y una mujer cuando dice: *"Y dijo Jehová Dios: No es bueno que el hombre esté solo; le haré ayuda idónea para él. Jehová Dios formó, pues, de la tierra toda bestia del campo, y toda ave de los cielos, y las trajo a Adán para que viese cómo las había de llamar; y todo lo que Adán llamó a los animales vivientes, ese es su nombre. Y puso Adán nombre a toda bestia y ave de los cielos y a todo ganado del campo; mas para Adán no se halló ayuda idónea para él. Entonces Jehová Dios hizo caer sueño profundo sobre Adán, y mientras éste dormía, tomó una de sus costillas, y cerró la carne en su lugar. Y de la costilla que Jehová Dios tomó del hombre, hizo una mujer, y la trajo al hombre. Dijo entonces Adán: Esto es ahora hueso de mis huesos y carne de mi carne; ésta será llamada Varona, porque del varón fue tomada. Por tanto, dejará el hombre a su padre y a su madre, y se unirá a su mujer, y serán una sola carne. Y estaban ambos desnudos, Adán y su mujer, y no se avergonzaban."* En el sexto día de la creación, Adán y Eva no solamente realizaron un contrato entre sí, sino también por Dios como testigo entraron en un Pacto Espiritual con Él a la misma vez (Malaquías 2:14, Proverbios 2:16-17). Malaquías 2:14, mientras de hablar sobre la relación matrimonial dice, *"... Porque Jehová ha atestiguado entre ti y la*

mujer de tu juventud, contra la cual has sido desleal, siendo ella tu compañera, y la mujer de tu pacto."

Un poco después de la creación de Adán y Eva por parte de Dios y de su unión como marido y mujer, *"oyeron la voz de Jehová Dios que se paseaba en el huerto, al aire del día"* (Génesis 3:8). Dios no sólo creó a hombres y mujeres para que fueran el uno para el otro, Él también los creó para que tuvieran una relación personal con Él. Tristemente, debido a la vergüenza de su pecado, Adán y Eva *"se escondieron de la presencia de Jehová Dios entre los árboles del huerto"* (Génesis 3:8). Adán y Eva habían pecado individualmente contra Dios y su relación con Él fue afectada. Afortunadamente, Dios enfrentó cariñosamente a Adán y Eva en su desobediencia y aunque las consecuencias del pecado, la tristeza, el dolor y la muerte no pudieron ser removidas, Dios ofreció Su perdón y provisión personal de *"túnicas de pieles, y los vistió"* (Génesis 3:21, Romanos 6:23). La solución permanente de Dios para el pecado también fue pronunciada cuando maldijo a la serpiente diciendo: *"Y pondré enemistad entre ti y la mujer, y entre tu simiente y la simiente suya; ésta te herirá en la cabeza, y tú le herirás en el calcañar"* (Génesis 3:15). La profecía de Dios acerca de la semilla de una mujer se cumplió en el nacimiento virginal de Jesucristo (Mateo 1:20-25). Mientras habla de María, la madre de Jesús, Mateo 1:21 dice: *"Y dará a luz un hijo, y llamarás su nombre JESÚS, porque él salvará a su pueblo de sus pecados."* Jesucristo *"vino a buscar y a salvar lo que se había perdido"* (Lucas 19:10). Él vino a restaurar la relación quebrada que el pecado ha causado entre la humanidad y Dios. Esto es, pagando todo el pecado de la humanidad en la cruz del Calvario y haciendo disponible Su pago libremente para todos aquellos que personalmente creen en Él (I Juan 2:1-2).

Cada pareja joven que desee tener una relación cercana y amorosa debe primero e individualmente tener una relación personal con Dios el Padre a través de Jesucristo (Juan 14:6). Ellos deben reconocer que son pecadores y que *"están destituidos de la gloria de Dios"* (Romanos 3:23). Luego, deben aceptar personalmente el don de perdón de Dios al creer en la muerte, sepultura y resurrección de Jesucristo como el único pago adecuado por su pecado (Romanos 6:23, 10:9-10, Efesios 2:8-9, I Corintios 15:1-4). *"Porque de tal manera amó Dios al mundo, que ha dado a su Hijo unigénito, para que todo aquel que en él cree, no se pierda, mas tenga vida eterna"* (Juan 3:16). Después que la novia y el novio hallan experimentado personalmente el amor de Dios y ya tienen una relación personal restaurada con Él, realmente pueden comenzar a amarse el uno al otro. I Juan 4:10-12 explica diciendo, *"En esto consiste el amor: no en que nosotros hayamos amado a Dios, sino en que él nos amó a nosotros, y envió a su Hijo en propiciación por nuestros pecados. Amados, si Dios nos ha amado así, debemos también nosotros amarnos unos a otros. Nadie ha visto jamás a Dios. Si nos amamos unos a otros, Dios permanece en nosotros, y su amor se ha perfeccionado en nosotros."* El amor personal de Dios por la novia y el novio debe ser su ejemplo de cómo amarse el uno al otro en su Pacto Matrimonial. Así como deben recibir el amor de sacrificio expresado de Dios a través de Jesucristo, también deben recibir el amor del sacrificio de su cónyuge y aprender a expresar su amor por su esposo o esposa sacrificialmente.

Aquellas parejas que desean la continua bendición y presencia de Dios en el día de su boda y durante su matrimonio deben mirarlo por Su enseñanza y guía encontradas en Su Palabra para cada aspecto de su relación. Tienen que aprender y cumplir delante de Dios y de los hombres sus deberes y responsabilidades dados por Él. Cuando el Pacto Matrimonial esté proclamado por el pastor al decir, "en la presencia de Dios y estos testigos, yo los declaro esposo y esposa," el Pacto es ya un hecho que nunca debe ser roto. Por lo tanto, es muy importante que las dos personas que están preparándose para unirse en un Pacto así, estén conscientes de lo que Dios dice sobre el matrimonio. Eclesiastés 5:2-6 avisa, *"No te des prisa con tu boca, ni tu corazón se apresure a proferir palabra delante de Dios; porque Dios está en el cielo, y tú sobre la tierra; por tanto, sean pocas tus palabras. Porque de la mucha ocupación viene el sueño, y de la multitud de las palabras la voz del necio. Cuando a Dios haces promesa, no tardes en cumplirla; porque él no se complace en los insensatos. Cumple lo que prometes. Mejor es que no prometas, y no que prometas y no cumplas. No dejes que tu boca te haga pecar, ni digas delante del ángel, que fue ignorancia. ¿Por qué harás que Dios se enoje a causa de tu voz, y que destruya la obra de tus manos?"*

Tristemente, muchas parejas jóvenes creen que el matrimonio no es más que un "noviazgo" y conviven. Estos no toman en serio la necesidad de una preparación correcta y del consejo bíblico. Y por lo tanto pasan los primeros meses y años de su matrimonio con mucha frustración para encontrar que todo les funcione correctamente. Esto es semejante a un joven de dieciséis años que le dan las llaves del carro nuevo de la familia sin darle primero los libros de instrucción ni las prácticas para conducir. La racionalidad podría ser: ha guiado carros de parachoques (como el noviazgo), o ha viajado muchas veces con la familia y ha observado a los padres guiando toda su vida. Pero ninguna de estas experiencias pasadas son preparación suficiente ni garantía de que las mismas sean correctas. Esas experiencias no pueden eliminar la necesidad de un manual para aprender las normas y la dirección personal para ganar las habilidades correctas. Dios no desea que Sus hijos se siente en la silla de chofer del matrimonio solamente para chocar. Por lo tanto Dios reveló Su modelo de un matrimonio correcto a través de Su Palabra. La meta en este estudio es usar el primer matrimonio encontrado en Génesis 2 y 3 y los otros pasajes Bíblicos para prepararte en una de los decisiones más importantes y permanentes de tu vida.

Capitulo 1

Artículo I
El Comienzo y la Terminación
del Pacto Matrimonial
Génesis 2:18-24

El Comienzo del Pacto Matrimonial

El tiempo de Dios es siempre preciso. Él tiene Su razón para cada cambio o retraso en los planes del hombre (Proverbios 16:9). El momento del matrimonio de Adán y Eva no fue una excepción. Génesis 2:18 nos revela la condición de Adán antes de su "boda." Dios dijo, *"No es bueno que el hombre esté solo; le haré ayuda idónea para él."* Dios reconoció la necesidad de Adán por una esposa, pero no le trajo una solución inmediatamente. Versículos 19-20 revelan algunas responsabilidades que Adán tenía que cumplir antes de Dios proveerle la esposa necesaria.

Mientras Adán siguió la dirección de Dios de cuidar el Huerto de Edén (vrs. 15) y nombrar los animales, él cumplió sus responsabilidades espirituales (obedecer a Dios) y físicas (preparar un lugar). Quizás Dios sabía que Adán nunca iba a terminar de nombrar todos los animales después de ver y experimentar la presencia de Eva. La misma verdad es para las parejas cristianas que tienen deseo de casarse hoy en día. Quizás haya algunas tareas especificas que Dios desea ellos cumplan antes que estén unidos en matrimonio. I Corintio 7:33-34 dice, *"pero el casado tiene cuidado de las cosas del mundo, de cómo agradar a su mujer. Hay asimismo diferencia entre la casada y la doncella. La doncella tiene cuidado de las cosas del Señor, para ser santa así en cuerpo como en espíritu; pero la casada tiene cuidado de las cosas del mundo, de cómo agradar a su marido.*" El tiempo pasado como soltero no es en vano, sino es tiempo "invertido" en las oportunidades más grandes de servir a Dios (María y José - Mateo 1:18-25).

Cuando las parejas cristianas determinan la fecha para su boda, tienen que considerar antes todo lo que Dios desea que ellos cumplan. Salmos 37:4 y 5 dice, *"Deléitate asimismo en Jehová, Y él te concederá las peticiones de tu corazón. Encomienda a Jehová tu camino, Y confía en él; y él hará."* Una pareja impulsiva que se precipita al altar por "amor" o cualquier razón y no ha tomado el tiempo para orar y esperar por las respuestas a sus peticiones está en gran peligro de entrar al matrimonio fuera de la voluntad de Dios y sin Su bendición. Filipenses 4:6 y 7 dice, *"Por nada estéis afanosos, sino sean conocidas vuestras peticiones delante de Dios en toda oración y ruego, con acción de gracias. Y la paz de Dios, que sobrepasa todo entendimiento, guardará vuestros corazones y vuestros pensamientos en Cristo Jesús."* La impulsividad o la impaciencia indican una falta de la paciencia, la que provee la madurez necesaria para un matrimonio cristiano.

Santiago 1:2-4 lo expresa en esta manera, *"Hermanos míos, tened por sumo gozo cuando os halléis en diversas pruebas, sabiendo que la prueba de vuestra fe produce paciencia. Mas tenga la paciencia su obra completa, para que seáis perfectos y cabales, sin que os falte cosa alguna."* En el progreso de una relación, hay muchas tentaciones por moverse más rápido de como Dios lo desea. Estas tentaciones suministran las oportunidades de practicar la paciencia. La falta de la paciencia o flexibilidad durante el noviazgo o un exceso de la frustración y la irritación durante la preparación para la boda, revelan una rebelión carnal contra el cronometraje y la autoridad de Dios. Sin embargo, por la práctica de la paciencia piadosa a través de cada etapa de la relación, la pareja se pone más dependiente en Dios, y más preparada en su madurez espiritual para la nueva vida que están empezando juntos. Si pasan por alto este proceso importante, están mostrando su falta de la madurez, y perdiendo algunas de las lecciones madurativas inestimables que Dios quiere que aprendan con el propósito de que siendo mejores esposos por el resto de sus días.

❤ *¿Hemos tomado el tiempo de orar y pedir a Dios por Su voluntad y dirección en la preparación para nuestra boda y planes de matrimonio, incluyendo la fecha que hemos elegido?*

❤ *¿Hemos esperado suficientemente para ver las respuestas específicas a nuestras oraciones y garantizar la bendición de Dios sobre nuestros planes?*

❤ *¿Estamos dispuestos a cambiar nuestros planes e incluso la fecha para la boda si Dios empieza a mostrarnos que estos cambios tienen que ser hechos vía las circunstancias o el consejo piadoso?*

La Terminación del Pacto Matrimonial

El hombre y la mujer son declarados "una sola carne" en Génesis 2:24 que dice, *"Por tanto, dejará el hombre a su padre y a su madre, y se unirá a su mujer, y serán una sola carne."* Jesucristo usó esta misma declaración para proveer el punto de vista de Dios en la permanencia del matrimonio en Mateo 19:3-6. Dice, *"Entonces vinieron a él los fariseos, tentándole y diciéndole: ¿Es lícito al hombre repudiar a su mujer por cualquier causa? Él, respondiendo, les dijo: ¿No habéis leído que el que los hizo al principio, varón y hembra los hizo, y dijo: Por esto el hombre dejará padre y madre, y se unirá a su mujer, y los dos serán una sola carne? Así que no son ya más dos, sino una sola carne; por tanto, lo que Dios juntó, no lo separe el hombre."* La unión de dos individuos por Dios en el Pacto Matrimonial es uno permanente. Jesucristo es muy claro para aquellos que busquen una excusa para divorciarse de su cónyuge cuando dice, *"lo que Dios juntó, no lo separe el hombre."* Dios ha escrito el Pacto Matrimonial en una manera de que la única forma correcta de poner fin al acuerdo es a través de la muerte. Para una pareja cristiana, el único acuerdo pre-nupcial que debe considerar es su última voluntad y testimonio. I Corintios 7:39 dice, *"La mujer casada está ligada por la ley mientras su marido vive; pero si su marido muriere, libre es para casarse con quien quiera, con tal que sea en el Señor."* y Romanos 7:2-3 está de acuerdo por decir, *"Porque la mujer casada está sujeta por la ley al marido mientras éste vive; pero si el marido muere, ella queda libre de la ley del marido. Así que, si en vida del marido se uniere a otro varón, será llamada adúltera; pero si su marido muriere, es libre de esa ley, de tal manera que si se uniere a otro marido, no será adúltera."* No debe haber cualquier duda sobre este reclamo muy importante a la autoridad de Dios sobre el Pacto Matrimonial. ¡El plan de Dios para el matrimonio es "Hasta que la muerte nos separe!"

❤ *¿Estamos comprometidos con el plan de Dios en que el matrimonio sea "Hasta que la muerte nos separe?"*

❤ El Comienzo y la Terminación del Pacto Matrimonial ❤

❧Las Preguntas para Edificar la Relación❦
Artículo I

1. ¿Estamos ahora, como solteros, cumpliendo nuestras responsabilidades espirituales y físicas de nuestras vidas?
   a. Poner en una lista algunas responsabilidades espirituales aparte de su relación las cuáles estás cumpliendo:
      i. _____
      ii. _____
      iii. _____
   b. Poner en una lista algunas responsabilidades físicas aparte de su relación las cuáles estás cumpliendo:
      i. _____
      ii. _____
      iii. _____

2. ¿Hemos pasado el tiempo juntos y separados en la oración pidiendo a Dios su voluntad y cronometraje en nuestros planes para la boda? _____
   ¿Cómo Dios ha respondido a nuestras oraciones hasta este punto en nuestro proceso de planear?
   a. _____
   b. _____
   c. _____
   d. _____

3. ¿Cómo hemos mostrado la paciencia y madurez por esperar por la dirección y provisión de Dios en nuestra relación?
   a. _____
   b. _____
   c. _____
   d. _____

4. ¿Estamos comprometidos en llevar a cabo nuestro Pacto Matrimonial "Hasta que la muerte nos separe!"? _____

Principios Bíblicos Mostraba
en las Tradiciones Comunes de la Boda

- **Los asientos de los padres** - La pareja está honrando la autoridad y el papel de sus padres en su relación, por darle una posición prominente mientras que se hacen su pacto uno con el otro (Génesis 24:1-67, Efesios 6:2)

- **La posición del novio** - El novio está esperando a su novia para que le trajeran al igual que Adam esperó a Dios para traer a Eva (Génesis 2:21-22)

- **La entrada de la novia con su padre** - El padre está mostrando su protección y liderazgo sobre su hija y su disposición a renunciar a su papel al novio (Números 30:3-16)

- **La novia vestida de blanco** - La novia está mostrando su pureza moral y física mientras que se presenta a si misma a su novio (Apocalipsis 19:7-8)

- **El liderazgo del pastor sobre la ceremonia** - El papel del pastor muestra el deseo de la pareja para que Dios sea la autoridad oficiante sobre su matrimonio y su reconocimiento de la participación de la iglesia en su casa (Mateo 19:4-6, Marcos 10:6-9, Hebreos 10:24, 13:7, 13)

- **La charla espiritual a la pareja** - La charla espiritual establece un patrón para que la pareja siga siempre las instrucciones de Dios para su relación (Efesios 5:22-33, Colosenses 3:18-19)

- **El intercambio de los votos** - El intercambio verbal de los votos, en la casa de Dios, en la presencia de Dios, y delante de testigos humanos, revela el pacto permanente del novio y de la novia uno al otro como marido y mujer por el resto de su vida (Rut 4:1- 12, Eclesiastés 5:1-7, Mateo 19:6, Marcos 10:9)

- **El intercambio de los anillos** - La entrega y recepción de los anillos como regalos es una expresión del compromiso del novio y de la novia a entrar en su alianza matrimonial, y muestra su alegría de compartir sus posesiones terrenales (Génesis 24: 51-53, Rut 4:7, Efesios 5:33)
  - La forma circular los anillos es un recordatorio que su amor debe ser sin fin (I Corintios 13:2-8a)
  - La creación de los anillos de metal costoso (oro) muestra que son sacrificio voluntario por su amor (Juan 15:11, I Corintios 7:33-34)
  - La presencia continua de los anillos en su dedo es un recordatorio para ellos de su alianza de amor y la autoridad de amor que debe acatar incluso cuando están a gran distancia aparte (Mateo 19:6, Marcos 10:9, I Corintios 13:8a)

- **El pronunciamiento de la pareja** - El pronunciamiento pastoral de la pareja como "hombre y mujer" establece oficialmente que un pacto público se ha hecho y que la novia y el novio son oficialmente juntos hasta que la muerte los separe (Génesis 2:23-24 , Mateo 19:5-6, Marcos 10:7-8, Efesios 5:31)

- **El levantamiento del velo y el beso** - El velo está levantada por el novio muestra su derecho privilegiado para revelar la belleza de la novia, y besándola expresa que va a encontrar su satisfacción únicamente en su belleza, mientras que la novia muestra su voluntad y acogedor de la autoridad de su novio a desfrutar de su belleza (Génesis 2:25, Proverbios 5:15-19, Cantares 4:9-11)

- **La iluminación de la vela de unidad** - El encendido de la vela singular de las dos velas pre-iluminado muestra la nueva relación de una sola carne que los novios han comenzado (Génesis 2:24, Mateo 19:5-6, Marcos 10:7 -8, Efesios 5:31)

- **La presentación de la pareja** - El pronunciamiento público de la pareja por su nombre, establece que la novia y el novio ya no ser conocidos como hijos de sus padres, o de familias separadas, sino como una nueva familia (Génesis 2:23, Mateo 19:5-6, Marcos 10:7-8, Efesios 5:31)

- **La recepción de la boda** - La pareja tiene la oportunidad de trabajar juntos como marido y mujer para alojar su primera recepción de su familia y amigos, ya que todos celebran su nueva vida juntos (Mateo 22:1-14, Apocalipsis 19:7-9)

Capitulo 2

Artículo II
La Preparación para el Pacto Matrimonial
Génesis 2:18, 21-22, 24-25

El Matrimonio debe estar Según la Voluntad de Dios

Dios es visto durante todo el proceso completo del matrimonio de Adán y Eva. Génesis 2:18 informa, *"Y dijo Jehová Dios"* Génesis 2:21 continua *con "Entonces Jehová Dios hizo"* y Génesis 2:22 termina con, *"Jehová Dios ... hizo ... y la trajo al hombre."* Dios debe estar muy involucrado en la preparación del matrimonio de cada pareja cristiana. Además debe tener la "voz" en lo que es verdaderamente necesario para el matrimonio. A Él se le debe confiar el guiar las circunstancias de la vida para que la pareja pueda conocerse. También debe estar incluido para la provisión final en la unión de la novia y el novio en realizar su Pacto matrimonial. Salmos 127:1 dice, *"Si Jehová no edificare la casa, En vano trabajan los que la edifican; ..."* Desafortunadamente, Dios es excluido de los preparativos del matrimonio cuando los motivos para éste se basen en el consejo humano de quién es el cónyuge correcto y sobre las invenciones humanas de cómo provocar la posible unión de un cónyuge. Por esta razón, cada pareja se debe asegurar de que él o ella que estén casándose sea en la forma o manera correcta. Primero, es muy peligroso que un hombre o mujer se case para librarse de sus padres, casa, soledad, cumplir las obligaciones sociales, finanzas o cubrir la culpabilidad debida al pecado (Mateo 1:18-25). Segundo, es muy peligroso que un hombre o mujer se case por causa de "atracción" (Jueces 14:1-3). Cuando Adán habló de Eva, nunca mencionó su belleza. No lo mal interprete, Dios ha hecho a cada hombre y a cada mujer con los gustos personales de quién y qué consideran hermoso. Ademas desea que nosotros estemos complacidos y atraídos a la persona con quien vamos a pasar el resto de nuestras vidas. Pero, Proverbios 31:30 está claro, *"Engañosa es la gracia, y vana la hermosura; La mujer [el hombre] que teme a Jehová, ésa será alabada."* Tercero, es muy peligroso que un hombre o mujer se case por la pasión sensual o el deseo de la carne (Jueces 16:1-3). Aunque la pasión sensual debe ser expresado en el matrimonio y el matrimonio sea una protección de pecados sexuales (I Corintios 7:1-9), el matrimonio es bastante más de una licencia fácil para disfrutar el placer carnal rápidamente. El aviso de Pablo a Timoteo, un joven, debe ser aplicado a la vida de cada persona joven cuando dice, *"Huye también de las pasiones juveniles ..."* (II Timoteo 2: 22). Cuarto, es muy peligroso que un hombre o mujer se case por la emoción o el "amor" (Jueces 16:4-6). La idea del amor del mundo es directamente contraria a la de Dios. El mundo dice que el amor es una *emoción* el cual *me hace sentir bien.* Pero Dios dice que el amor es *la decisión mía hacia el bienestar para la persona querida. "El amor es sufrido, es benigno; el amor no tiene envidia, el amor no es jactancioso, no se envanece; no hace nada indebido, no busca lo suyo, no se irrita, no guarda rencor; no se goza de la injusticia, mas se goza de la verdad. Todo lo sufre, todo lo cree, todo lo espera, todo lo soporta. El amor nunca deja de ser; ..."* (I Corintios 13:4-8). El amor de la Biblia *"... no hace mal al prójimo ..."* (Romanos 13:10). Por lo tanto, el amor verdadero nunca animará a la otra persona a cometer el pecado o hacer una decisión que no es realmente en su mejor beneficio. Cuando una pareja desee casarse porque han visto que Dios los ha llevado juntos con el propósito de se que puedan poner al servicio de Él, están preparados para el Pacto Matrimonial.

❤ *¿Hemos visto la mano de Dios durante todas nuestras vidas para traernos hasta este punto de unirnos en el Pacto Matrimonial?*

❤ *¿Estamos comprometidos y de acuerdo realmente con la idea de Dios de qué es el amor?*

El Matrimonio debe estar Basado en la Aprobación de la Autoridad Humana Dada por Dios

Dios estableció una norma fundamental para la relación del padre e hijo cuando dijo, *"Por tanto, dejará el hombre a su padre y a su madre, y se unirá a su mujer, y serán una sola carne"* (Génesis 2:24, Mateo 19:4-6). Las palabras "por lo tanto" conectan un evento a la causa para el evento. El evento era la separación en la relación. La razón para el evento era que el hombre y la mujer estaban empezando una nueva vida separada, no de la influencia, pero sí de la autoridad de sus padres (Éxodo 18:1-27, Marcos 7:10). La trascendencia de esta declaración es abrumadora. Adán y Eva nunca tuvieron padres, y no habían sido padres aún. Los deberes de un padre no habían existido en la historia de la humanidad todavía. Pero Dios quería establecer la extensión de la autoridad paternal hasta el Pacto Matrimonial desde el primer matrimonio.

Una pareja que hace los planes para el matrimonio fuera de la aprobación y el consejo de sus padres está en el gran riesgo de mostrar la rebelión directamente contra Dios (Efesios 6:1-3). Además de la autoridad paternal, durante toda la historia y la revelación de Su Palabra, Dios ha suministrado las autoridades del gobierno y de la iglesia sobre las parejas (Romanos 13:1-7, Efesios 4:11-17, Hebreos 13:7, 17). Si cada una de estas autoridades no son consideradas y prestados atención, la pareja se encontrará fuera de el cuidado y bendición de Dios. Proverbios 11:14 habla claramente, *"Donde no hay dirección sabia, caerá el pueblo; Mas en la multitud de consejeros hay seguridad."* Un matrimonio desarrollado sin consejo o que lo rechaza por ser correcto, se encontrará en la ruina. Por el contrario, el matrimonio que da la bienvenida al consejo bíblico le será un refugio del peligro.

❤ *¿Hemos honrado a nuestras autoridades dadas por Dios y el consejo bíblico cuando perseguimos nuestra relación matrimonial?*

❤ *¿Estamos dispuestos a continuar en pedir el consejo y la instrucción bíblica para nuestro matrimonio ahora y en el futuro?*

El Matrimonio debe estar Preparado de acuerdo a la Palabra de Dios

La norma de Dios para elegir a un compañero para el Pacto Matrimonial

En el área de escoger al cónyuge correcto, Adán y Eva tenían una ventaja. Pero, su relación nos provee los principios para guiarnos. Génesis 2:22 dice que Dios creó *"una mujer, y la trajo al hombre."* Dios creó y escogió a la mujer exacta a quien Adán necesitaba específicamente. Adán no tenía decisión en el tema, y no necesitaba ir y buscar por sí mismo. Dios era el iniciador de la relación y la pareja era perfecta. Para ayudar y proteger a Sus hijos a que no hagan malas decisiones en su compañero para el matrimonio, Dios ha suministrado una norma específica para todos aquellos que quieren estar casados. II Corintios 6:14 dice, *"No os unáis en yugo desigual con los incrédulos; porque ¿qué compañerismo tiene la justicia con la injusticia? ¿Y qué comunión la luz con las tinieblas?"* La idea de *"unáis en yugo"* es de estar hechos juntos para el mismo propósito, incluyendo, pero no limitado a, un acuerdo oficial. Amós 3:3 hace una pregunta importante para cada relación humana, incluyendo el matrimonio, diciendo, *"¿Andarán dos juntos, si no estuvieren de acuerdo?"*

Es muy importante de ambas partes que se preparan para firmar el Pacto Matrimonial estén iguales en su relación con Dios (II Corintios 6:14-18). Ambas deben ser hijos de Dios, habiendo seguido el modelo establecido en Juan 1:12, que dice: *"Mas a todos los que le recibieron, a los que creen en su nombre, les dio potestad de ser hechos hijos de Dios."* Ambos deben haber creído o confiado en Jesucristo como su Salvador personal al expresar su fe en el hecho bíblico *"Que Cristo murió por nuestros pecados, conforme a las Escrituras; y que fue sepultado, y que resucitó al tercer día, conforme a las Escrituras"* (I Corintios 15:1-4). Efesios 2:8-9 explica más allá diciendo, *"Porque por gracia sois salvos por medio de la fe; y esto no de vosotros, pues es don de Dios; no por obras, para que nadie se gloríe."* Cada parte debe tener un día de nacimiento espiritual en el que aceptó el don de Dios de vida eterna a través del pago de Jesucristo por su pecado (Juan 3:1-18, I Juan 2:1-2). Luego, ambos deben estar igualmente dedicados a vivir para Dios, obedeciendo a Su Palabra y voluntad en cada área de su vida y familia, o estarían violando el plan de Dios para su matrimonio antes de empezar (Juan 15:7-8).

Malaquías 2:11-12 presenta la norma para el matrimonio por decir, *"Prevaricó Judá, y en Israel y en Jerusalén se ha cometido abominación; porque Judá ha profanado el santuario de Jehová que él amó, y se casó con hija de dios extraño. Jehová cortará de las tiendas de Jacob al hombre que hiciere esto ... "* II Corintios 6:17 y 18 demandan, *"Por lo cual, Salid de en medio de ellos, y apartaos, dice el Señor, Y no toquéis lo inmundo; Y yo os recibiré, Y seré para vosotros por Padre, Y vosotros me seréis hijos e hijas, dice el Señor Todopoderoso."* Cuando un creyente se separa de una relación íntima con el mundo y el incrédulo, Dios le promete una relación más íntima con Él, una relación que nunca pueda ser comparada con ninguna relación terrenal. Esta relación íntima con Dios nunca debe ser sacrificada por una relación temporal en el matrimonio (Lucas 14:26-27).

❤ *¿Hemos compartido nuestro testimonio de salvación con nuestro futuro cónyuge?*

❤ *¿Estamos comprometidos a vivir para Dios antes y después de nuestra boda , poniéndolo primero a Él en todos los aspectos?*

La norma de Dios para la pureza hasta el Pacto Matrimonial

En el área de la pureza, Adán y Eva tenían otra ventaja más que las relaciones de hoy en día. No tenían los años de la tentación y el conflicto con su carne. El pecado no había entrado en su mundo todavía. Pero la revelación bíblica de su relación nos ayuda a ver el plan para la relación física de un hombre y una mujer de Dios. Génesis 2:24 dice, *"y serán una sola carne."* Dios estaba declarando que la relación sexual de una sola carne sería disfrutada únicamente después que el Pacto de Matrimonio fuera hecho, o sea después del "YO Acepto". Versículo 25 continua por decir, *"Y estaban ambos desnudos, Adán y su mujer, y no se avergonzaban."* La desnudez o la intimidad física fuera del Pacto Matrimonial siempre causa vergüenza (I Samuel 13:11-17).

La Biblia es muy clara sobre la importancia de la pureza entre un hombre y una mujer antes del matrimonio. La Palabra de Dios declara que la intimidad física antes de firmar el Pacto Matrimonial es *"fornicación"* (I Corintios 6:13-20). Una pareja joven será tentada por el mundo, su carne, y el diablo con este pecado específico. El mundo dice que esta intimidad física debe ser experimentada o una pareja no sabrá si estarán felices juntos. La carne desea el placer constantemente, aun si es breve y causa daño de larga duración (Hebreos 11:25b). El diablo sabe que esta intimidad física en el matrimonio es la voluntad perfecta de Dios, y quiere destruir algo bueno que Dios ha planeado para el futuro.

Proverbios 22:3 y 27:12 ambos dicen, *"El avisado ve el mal y se esconde; Mas los simples pasan y reciben el daño."* La pareja tiene que darse cuenta del peligro de intimidad física antes del matrimonio. Pablo dio consejo para esta tentación dura en I Corintios 7:1, que dice, *"En cuanto a las cosas de que me escribisteis, bueno le sería al hombre no tocar mujer;"* Hasta que el Pacto Matrimonial sea firmado en el día de la boda, el ejemplo de José debe ser seguido cuando fue tentado a tener intimidad por la esposa de Potifar. Él respondió *"¿cómo, pues, haría yo este grande mal, y pecaría contra Dios"* (Génesis 39:9b)? Y la esposa de Potifar *"... lo asió por su ropa, diciendo: Duerme conmigo. Entonces él dejó su ropa en las manos de ella, y huyó y salió."* (Génesis 39:12). I Corintios 6:18 habla claramente sobre esta tema, *"Huid de la fornicación. Cualquier otro pecado que el hombre cometa, está fuera del cuerpo; mas el que fornica, contra su propio cuerpo peca."* Salomón provee consejo a su hijo sobre este tema en una manera muy vívida en Proverbios 6:23-29 que dice, *"Porque el mandamiento es lámpara, y la enseñanza es luz, Y camino de vida las represiones que te instruyen, Para que te guarden de la mala mujer, De la blandura de la lengua de la mujer extraña. No codicies su hermosura en tu corazón, Ni ella te prenda con sus ojos; Porque a causa de la mujer ramera el hombre es reducido a un bocado de pan; Y la mujer caza la preciosa alma del varón. ¿Tomará el hombre fuego en su seno Sin que sus vestidos ardan? ¿Andará el hombre sobre brasas Sin que sus pies se quemen? Así es el que se llega a la mujer de su prójimo; No quedará impune ninguno que la tocare."* Pablo se dio cuenta de que su solución era un aprieto temporal a una tentación para toda la vida. Él dio una solución definitiva en I Corintios 7:2-5 cuando dijo, *"pero a causa de las fornicaciones, cada uno tenga su propia mujer, y cada una tenga su propio marido ..."*

❤ **Matrimonio: Un Pacto Delante de Dios** ❤

❤ *¿Hemos sido, y continuaremos poniendo la protección de Dios en nuestra relación con el propósito de que entremos a el matrimonio viéndonos puros y desfrutando la aprobación de Dios sobre nuestra intimidad física?*

❧Las Preguntas para Edificar la Relación❦
Artículo II

1. ¿Por qué nos estamos casando? _____
   _____
   _____

2. ¿Cuáles son algunos ejemplos de cómo Dios ha sido una parte de nuestra relación?
   a. _____
   b. _____
   c. _____
   d. _____
   e. _____

3. ¿Estamos comprometidos en amarnos bíblicamente, en sacrificio, por el resto de nuestros días? _____

4. ¿De quién hemos buscado el consejo y recibido la aprobación para nuestra relación?
   a. _____
   b. _____
   c. _____
   d. _____
   e. _____

5. ¿Estamos comprometidos en asegurar de que cada paso que tomamos más cerca de nuestras promesas solemnes matrimoniales estén bajo la sumisión de Dios y de nuestras autoridades? _____

6. ¿Alguna vez hemos compartido nuestro testimonio de la salvación personal con igualdad en el detalle? _____

7. ¿Estamos ambos comprometidos, en el presente como solteros, y en el futuro como una pareja, en apoyarnos para cultivar los conocimientos y el servicio para nuestro Señor Jesucristo?

   _____

8. ¿Estamos manteniendo nuestra pureza física hasta el día de la boda? _____

9. ¿Qué medidas protectoras hemos tomado para asegurar que llegamos al altar de la boda puros?

   a. _____

   b. _____

   c. _____

   d. _____

   e. _____

Caminar Juntos en Armonía

Amos 3:3
¿Andarán dos juntos, si no estuvieren de acuerdo?

Un hombre y una mujer que desean vivir juntos en armonía deben estar de acuerdo sobre las decisiones más importantes de sus vidas. Por lo tanto, deben hablar abiertamente y profundamente de sus creencias personales sobre quién es Dios y qué importancia tendrá Su Palabra en el hogar. Deben estar dispuestos compartir su testimonio personal haber aceptado al Señor Jesucristo como su Salvador personal y de cualquier otros compromisos espirituales que pudieron haber hecho para obedecer Su voluntad en el futuro. Deben reconocer que ellos, como una sola carne, no pueden *servir a dos señores"* (Lucas 16:13). Por lo tanto, cada uno de estos temas los deben hablar sus corazones y sus mentes abiertas para verificar que están de acuerdo realmente en que puedan andar *"dos juntos"* en armonía por el resto de sus días. Si descubren que sus creencias sobre Dios, Su Palabra, o Su voluntad son diferentes, deben considerar la posibilidad de que Dios estuviera permitiendo que su amistad creciera por un tiempo pero no ser Su voluntad perfecta para ellos el hacer un compromiso de andar *"dos juntos"* hasta que la muerte los separe.

Con respecto a tener un matrimonio en que una de las personas no tiene un testimonio de haber aceptado a Jesucristo como su Salvador personal, y no es un hijo de Dios, la Biblia está clara, *"No os unáis en yugo desigual con los incrédulos; porque ¿qué compañerismo tiene la justicia con la injusticia? ¿Y qué comunión la luz con las tinieblas? ..."* (II Corintios 6:14-18). El concepto de juntar dos animales con un yugo es lógico y sencillo. Por unir dos animales, el trabajo disminuye y el resultado de éste sería más confiable cuando caminan unidos en la misma dirección. Pero, si dos tipos diferentes de animales, o dos animales con temperamentos y habilidades totalmente diferentes, están unidos el trabajo sería mas difícil, y el resultado poco fiable porque tratarían de caminar constantemente en la dirección contrario y a velocidades diferentes (Deuteronomio 22:10). Del mismo modo, Dios dice que Sus seguidores no deben juntarse con aquellos que no están caminando por el mismo camino de fe en Él (Mateo 7:13-14, Éxodo 34:14-16, I Reyes 11:4). Deuteronomio 7:4 avisa que la unión del creyente y un incrédulo causará resultados devastadores, *"Porque desviará a tu hijo de en pos de mí, y servirán a dioses ajenos; y el furor de Jehová se encenderá sobre vosotros, y te destruirá pronto."*

Abraham comprendió este principio miles de años antes de que fuera escrito. Por eso, él pidió a su criado de más confianza que *"... juramentaré por Jehová, Dios de los cielos y Dios de la tierra, que no tomarás para mi hijo mujer de las hijas de los cananeos, entre los cuales yo habito; sino que irás a mi tierra y a mi parentela, y tomarás mujer para mi hijo Isaac"* (Génesis 24:3-4). Pero el deseo de Abraham no estaba limitado a la creencia de la muchacha en el mismo Dios: requirió que también tuviera el mismo nivel de fe y obediencia. Abraham tuvo que confiar en Dios, dejando a su familia y patria, y su esposa Sara lo siguió en su liderazgo. Ahora, la futura esposa de Isaac necesitaría hacer la misma elección por fe. Necesitaría exhibir su buena voluntad en que por la fe dejaría todo en obediencia a la voluntad de Dios para su vida y futuro matrimonio. Entonces, el criado de Abraham, sabiendo que este nivel de fe y obediencia no era fácil de encontrar, preguntó, *"Quizá la mujer no querrá venir en pos de mí a esta tierra. ¿Volveré, pues, tu hijo a la tierra de donde saliste?"* (Génesis 24:5). Y la respuesta de Abraham era tan clara, *"Guárdate que no vuelvas a mi hijo allá"* (Génesis 24:6). Aunque tal requisito era alto, Abraham comprendió que era necesario.

Quería lo mejor para su hijo, y creyó que Dios lo suministraría. Por lo tanto, así tranquilizó a su criado diciendo, *"Jehová, Dios de los cielos, que me tomó de la casa de mi padre y de la tierra de mi parentela, y me habló y me juró, diciendo: A tu descendencia daré esta tierra; él enviará su ángel delante de ti, y tú traerás de allá mujer para mi hijo"* (Génesis 24:7). Sabiendo la posible tentación de su criado de hacer una excepción a sus deseos para cumplir su juramento, él le libró de cualquier responsabilidad o la vergüenza diciendo, *"Y si la mujer no quisiere venir en pos de ti, serás libre de este mi juramento; solamente que no vuelvas allá a mi hijo"* (Génesis 24:8). Abraham no estaba tan desesperado por una esposa para Isaac que estaba dispuesto de bajar sus expectativas debido al miedo de que Dios no suministrará la compañera "perfecta" en su tiempo perfecto. **Él no sólo deseaba a una "buena" mujer para su hijo. Exigió a una "piadosa" mujer para su hijo.**

Una pareja "enamorada" debe asegurarse de no estar llevada por su carne. *"Porque el que siembra para su carne, de la carne segará corrupción; ..."* (Gálatas 6:8). Deben estar dispuestos a poner su "amor emocional" para el lado con el propósito de que puedan "pensar con seriedad" sobre el compromiso de toda una vida que están planeando juntos (Tito 2:4, 6). Deben escoger "amarse espiritualmente" el uno por al otro para asegurar que sus acciones actuales y planes futuros no conduzca a uno de ellos a estar fuera de su caminar con Dios y en el pecado. (Romanos 13:10).

I Juan 2:15-17
*15 No améis al mundo,
ni las cosas que están en el mundo.
Si alguno ama al mundo,
el amor del Padre no está en él.
16 Porque todo lo que hay en el mundo,
los deseos de la carne, los deseos de los ojos,
y la vanagloria de la vida,
no proviene del Padre, sino del mundo.
17 Y el mundo pasa, y sus deseos;
pero el que hace la voluntad de Dios
permanece para siempre.*

Josué 24:15
*Y si mal os parece servir a Jehová,
escogeos hoy a quién sirváis;
... pero yo y mi casa serviremos a Jehová.*

Mi querido amigo,
la terminación de una relación preciosa nunca es fácil.
Pero considera cuánto más devastación
será la destrucción de un matrimonio
porque no estaba de acuerdo sobre
Dios, Su Palabra, y una relación personal con Él
desde el principio.
Renuncia el control de tus deseos y sueños
a tu Padre Celestial de amor
Quién promete a suministrar lo que es mejor para ti
según Su gran amor y perfecta sabiduría
con el propósito a que tú puedas disfrutar realmente
todo lo que ha planeado para ti
desde tu creación.

Restablecer la Pureza después de la Promiscuidad
II Samuel 11:1-12:24

✓ Reconoce los pasos que resultan en la promiscuidad (11:1-4)

   ✗ El lugar equivocado en el tiempo equivocado (1-2a)

     *Proverbios 7:7-10

     ➡ Él estaba solo

     ➡ Él no estaba en su lugar correcto

     ➡ Él estaba tarde por la noche afuera

   ✗ La mirada equivocada en la dirección equivocada (2b)

     *Mateo 5:27-28

     Las miradas prolongadas hacen las impresiones duraderas

   ✗ El interés equivocado en la persona equivocada (3)

     *Éxodo 20:17

   ✗ La petición equivocada con la intención equivocada (4a)

   ✗ La cercanía equivocada con la persona equivocada (4b)

     *I Corintios 7:1

✓ Reconoce el placer a corto plazo de la promiscuidad (11:4c)

     *Hebreos 11:25

✓ Reconoce los resultados de la promiscuidad (11:5-27, 12:1-23)

*Salmos 32:3-4

*I Corintios 6:18-20

⚔ La castidad perdida (concepción ilegítima) (5)

*Santiago 1:13-15

⚔ El encubrimiento (6-27)

⚔ La confrontación (12:1-9)

⚔ Las consecuencias (12:10-23)

➜ El castigo personal

✎ Personal (10-11)

✎ Familiar (15-23)

➜ La humillación pública (12)

✓ Reconoce la necesidad para la confesión después de la promiscuidad (12:13a)

*Salmo 32:5a, 51:1-14

✓ Reconoce el perdón para la promiscuidad (12:13b)

*Salmo 32:1-2, 5b

✓ Reconoce la protección de la promiscuidad (12:24)

Remover a tu mismo de la situación en el temor de Dios - Génesis 39:7-16

Establecer una relación correcta por entrar en un pacto matrimonial que dura hasta el fin de la vida - I Corintios 7:1-5

Juan 8:1-11
le dijeron:
Maestro, esta mujer ha sido sorprendida
en el acto mismo de adulterio.
... Tú, pues, ¿qué dices? ... vete, y no peques más.

Capitulo 3

Artículo III
El Significado del Pacto Matrimonial
Identidad Matrimonial
Génesis 2:18-25, 3:20

La Nueva Identidad Unificada

Génesis 2:24 dice, *"Por tanto, dejará el hombre a su padre y a su madre, y se unirá a su mujer, y serán una sola carne."* La relación de una sola carne es mucho más que la intimidad física. Es la unión permanente. La relación de "una sola carne" es la unión de dos vidas para hacer una entidad individual nueva y excepcionalmente creada. El marido y la mujer son separados de sus relaciones de familia previas con el propósito de que puedan moldear una nueva unidad familiar. El marido y la mujer tienen que unirse o estar enlazados con un lazo inseparable. Su "nueva" identidad está envuelta en sí con el compromiso que hicieron en el Pacto Matrimonial para toda la vida.

❤ *¿Estamos listos para dejar nuestras identidades individuales para una nueva identidad unificada?*

La Crisis de la Identidad Unificada

Esta nueva identidad puede causar crisis por la confusión de la misma si es vista incorrectamente. El mundo enseña constantemente que cada persona sea individual como su propio hombre o mujer y que él o ella debe tener cuidado de sí mismo. Esto es directamente contrario a la Palabra de Dios y Su voluntad para la relación matrimonial. Primero, la creación del hombre y la mujer en Génesis 2:18-25 nos ayuda a aclarar lo visto de la identidad mutual por Dios. Versículo 18 dice, *"Y dijo Jehová Dios: No es bueno que el hombre esté solo; le haré ayuda idónea para él."* Dios es muy claro: sin Eva, Adán estaba en una condición incompleta. Aunque todo el resto de la creación era "bien," Adán todavía no estaba completo ni declarado como "bien" hasta que su vida e identidad fueron en sí completados por Eva. Los versículos 21 y 22 dicen, *"Entonces Jehová Dios hizo caer sueño profundo sobre Adán, y mientras éste dormía, tomó una de sus costillas, y cerró la carne en su lugar. Y de la costilla que Jehová Dios tomó del hombre, hizo una mujer, y la trajo al hombre."* Dios creó a Eva específicamente de los mismos *"huesos y carne"* de Adán. Sin Adán, Eva no habría sido creada y no tendría ninguna vida ni identidad. Por esta razón Adán dijo *"ésta será llamada Varona, porque del varón fue tomada."* (Génesis 2:23).

Adán, se dio cuenta de la unión que Dios deseaba para ellos al crear a Eva de su propia costilla dijo, *"Esto es ahora hueso de mis huesos y carne de mi carne;"* (Génesis 2:23). Segundo, la cicatriz en el costado de Adán de dónde Dios quirúrgicamente *"tomó una de sus costillas, y cerró la carne en su lugar"* sirvió para un recuerdo constante de su unión (Génesis 2:21). En tercer lugar, Adán expresó su unión otra vez por idénticarse con ella cuando prolongó su nombre de "Varón" a *"Varona, porque del varón fue tomada"* (Génesis 2:23). Después, Adán mostró su autoridad para nombrar a su esposa otra vez cuando: *"Y llamó Adán el nombre de su mujer, Eva, por cuanto ella era madre de todos los vivientes"* (Génesis 3:20). El primer nombre de ella, varona, demostró su unión en la creación y el matrimonio, y su segundo nombre, Eva, demostró su unión por producir hijos a través de la relación de una sola carne (Génesis 2:23, 3:20). Finalmente, aunque Adán y Eva nunca tuvieron padres ni cualquier otra identidad fuera del conocimiento de Dios, Adán autoritariamente dijo: *"Por tanto, dejará el hombre a su padre y a su madre, y se unirá a su mujer, y serán una sola carne"* (Génesis 2:24).

En el Pacto Matrimonial bíblico no hay ninguna crisis de identidad. Cada persona comprende que está separado de cualquier otras relaciones con el propósito de unirse en una relación totalmente nueva y mejor. Está totalmente seguro en comprender que Dios les creó específicamente uno para el otro y para los deberes que tiene en su nueva relación, y centrar sus vidas en cumplir cada responsabilidad con lo mejor de sus habilidades.

❤ *¿Estamos preparados para separarnos de nuestra familia y amigos con el propósito de que podamos estar totalmente dedicados a nuestra nueva identidad juntos?*

La Práctica de la Identidad Unificada

"Dijo entonces Adán: Esto es ahora hueso de mis huesos y carne de mi carne; ..." (Génesis 2:23). Reconoció la conexión directa entre él y su nueva esposa. Sus identidades fueron unidas, y lo que sucedía a uno afectaría a ambos. Desgraciadamente, esto fue ilustrado en la caída de Adán y Eva cuando comieron de la fruta y fueron castigados juntos por su pecado (Génesis 3:1-24). Su identidad unificada quiere decir que fueron unificados ambos físicamente y espiritualmente (I Pedro 3:7). Esta verdad también es encontrada en Efesios 5:28 y 29 ya que la instrucción es dada al marido. Dice, *"Así también los maridos deben amar a sus mujeres como a sus mismos cuerpos. El que ama a su mujer, a sí mismo se ama. Porque nadie aborreció jamás a su propia carne, sino que la sustenta y la cuida ..."*

La relación de marido y mujer es tan íntima que cualquier cosa hecha para un miembro en la relación es hecha para el otro también. Los logros y las recompensas de una persona hechos individualmente serán extendidos a ambos (Proverbios 31:10-12, 23). Proverbios ilustra este principio cuando habla de la bendición de una buena esposa y la pena de una esposa mala en Proverbios 12:4 que dice, ***"La mujer virtuosa es corona de su marido; Mas la mala, como carcoma en sus huesos."*** Como Adán y Eva compartieron el Huerto de Edén, también en el Pacto Matrimonial lo que es de él es de ella y lo que es de ella, es de él (I Corintios 7:3-4). No hay ninguna división de las pertenencias. Sus identidades y vidas son universalmente conectadas. Por esta razón, en la boda, la novia y el novio prometen de "Amarse y abrazarse, desde este día y en adelante, en lo mejor y lo peor, en la riqueza y la pobreza, en la enfermedad y en la salud, para amarse y protegerse hasta que la muerte nos separe."

❤ *¿Estamos listos para hacer las decisiones los dos unidos y vivir con las consecuencias juntos?*

❤ *¿Estamos listos para permitir su cónyuge hacer las decisiones y vivir con las consecuencias, no importa lo que sea?*

❧Las Preguntas para Edificar la Relación❦
Artículo III

1. ¿Cuál será su nuevo nombre basado en su nueva identidad?
   a. Novio: _____
   b. Novia: _____
   *¿Le molesta que su nombre pueda cambiar? _____
   *¿Cuáles son algunas compañías o autoridades que usted tiene que contactar debido a su matrimonio?

Novio		Novia	
_____	❏	_____	❏
_____	❏	_____	❏
_____	❏	_____	❏
_____	❏	_____	❏
_____	❏	_____	❏

2. Haga una lista de esas personas que son familiares y amigos y quién está más cerca de usted.

Novio		Novia	
_____	❏	_____	❏
_____	❏	_____	❏
_____	❏	_____	❏
_____	❏	_____	❏
_____	❏	_____	❏

¿Usted está preparado para separarse de estas personas con el propósito de poder ser unificado con su cónyuge? Si sí, verifique la caja.

3. ¿Cuáles son algunas decisiones que su futuro cónyuge podría hacer que le hacen sentirse nervioso?

a. _____

b. _____

c. _____

d. _____

e. _____

*¿Usted ha hablado con su futuro cónyuge sobre esas decisiones con el propósito de que pueda empezar a iniciar la unión antes de que se case? _____

Las Diferencias Unificadoras

*Una imagen perfecta se forma
uniendo muchas partes diferentes en perfecta armonía*

Génesis 2:24b
... y SERÁN UNA sola carne.

1 + 1 = 1
Marcos 10:8-9
Y los DOS serán UNA sola carne;
así que no son ya más DOS, sino UNO.
Por tanto, lo que Dios JUNTÓ,
no lo SEPARE el hombre.

Efesios 5:31b
... y los DOS serán UNA sola carne.

La Necesidad de la Humildad
por la Verdadera Unidad
De la vida de Rut y Booz a través del libro de Rut

Proverbios 13:10a
Ciertamente la SOBERBIA concebirá contienda;

Rut	Booz
Cultura	
De Moab (1:4, 2:1, 10-13)	De Israel (2:1)
Familia	
Viuda (1:3-5)	Soltero (4:6)
Finanzas	
Pobre (mendigo) (2:2, 7)	Rico (2:1)
Vocación	
Trabajador Humilde (2:7)	Dueño de Negoció (2:8)
Edad	
Joven (2:5, 4:10b)	Mayor (2:8a, 3:10-11)

Proverbios 29:23
La soberbia del hombre le abate;
Pero al humilde de espíritu sustenta la honra.

Sirvió a Noemí (1:16-17, 2:11)	Sirvió a Rut (2:14-16)
Honró a Booz (2:10)	Buscó para hacer lo que era justo (3:12-13)
Dependió en Dios (2:12)	Protegió y proveyó para Rut (3:14-15)
Obedeció el consejo de Naemí (3:1-6)	Pedió el permiso del pariente para casarse con Rut (4:1-10)
Pedió ayuda de Booz (3:9)	

Proverbios 16:19
Mejor es humillar el espíritu con los humildes
Que repartir despojos con los soberbios.

Proverbios 22:4
Riquezas, honra y vida
Son la remuneración de la humildad
y del temor de Jehová.

Rut y Booz disfrutaron riquezas juntos (4:10-12)

Rut y Booz recibieron honor juntos (4:13, 15)

Rut y Booz produjeron vida juntos (4:13b-14, 17)

I Pedro 5:5-7
... y todos, sumisos unos a otros,
revestíos de humildad;
porque:
Dios resiste a los soberbios,
Y da gracia a los humildes.
Humillaos, pues,
bajo la poderosa mano de Dios,
para que él os exalte cuando fuere tiempo;
echando toda vuestra ansiedad sobre él,
porque él tiene cuidado de vosotros.

Capítulo 4

Artículo IV
Los Deberes en el Pacto Matrimonial
Génesis 2:16-20

Adán y Eva fueron creados para ser los dos lados diferentes de la misma moneda. El diseño de Dios es que un hombre y una mujer sean unidos permanentemente para moldear una entidad nueva mientras cada persona cumple su propio deber individualmente. Antes que la mujer fuera creada, Dios dijo que no era *"Bien,"* que el hombre estuviera *"solo"* (Génesis 2:18). Y sin el hombre, la creación de una *"ayuda idónea"* no hubiera tenido proposito (Génesis 2:18).

Los Deberes del Hombre y la Mujer

El Deber del Hombre

Antes de que Eva fuera creada por Dios para Adán, le dio a él una tarea de hacer decisiones y el liderazgo para cumplirlo. Génesis 2:19-20 dice, ***"Jehová Dios formó, pues, de la tierra toda bestia del campo, y toda ave de los cielos, y las trajo a Adán para que viese cómo las había de llamar; y todo lo que Adán llamó a los animales vivientes, ese es su nombre. Y puso Adán nombre a toda bestia y ave de los cielos y a todo ganado del campo ..."*** La primera tarea de Adán fue nombrar a todos los animales. Tenía la elección y la autoridad de nombrar a cada uno. El nombre que les dio sería sabido a través de todos los tiempos. Hombre, en su estado perfecto, fue creado para recibir la instrucción, hacer las elecciones, y luego ser un jefe para realizar las decisiones tomadas.

Los Deberes de la Mujer

Cuando Adán había terminado de nombrar los animales, la Biblia dice, *"mas para Adán no se halló ayuda idónea para él"* (Génesis 2:20). La *"ayuda idónea"* para Adán no fue encontrada entre los animales, pero Dios tomó acción en los versículos 21 y 22 para crear a Eva directamente de él como una igual a Adán. Cuando Dios creó a Eva, la hizo con un deber declarado o atributo especifico en Su diseño. Génesis 2:18 suministra el deseño de Dios para la esposa de Adán en las propias palabras de Él cuando dijo, *"le haré ayuda idónea para él."* El deber diseñado por Dios para la mujer es como el de una ayudante. Adán fue creado primero y por lo tanto le dio el deber del liderazgo (I Timoteo 2:12-13). Eva fue creada segunda para asistirlo a él en su vida y tareas. Adán no necesitaba a una empleada, cocinera, madre, o amante pero sí necesitaba una ayudante perfecta creyendo que completara los vacíos de su vida. Proverbios 18:22 dice, *"El que halla esposa halla el bien, Y alcanza la benevolencia de Jehová."* Por lo tanto, una mujer no es menos importante que el hombre, porque Dios dijo que el hombre no estaba bien ni completo sin ella. Pero lograr el propósito para ella es que fue diseñada: complementar la vida de su marido. La mujer, en el estado perfecto, fue creada para asistir al hombre en las tareas que Dios les dio.

❤ *¿Estamos listos para aceptar nuestros deberes personales especificados en el Pacto Matrimonial?*

El Peligro del Fracaso en los Deberes
entre un Marido y la Esposa

Los deberes de Adán y Eva se extendían hasta la instrucción de Dios para su vida espiritual. Génesis 2:16-17 dice, *"Y mandó Jehová Dios al hombre, diciendo: De todo árbol del huerto podrás comer; mas del árbol de la ciencia del bien y del mal no comerás; porque el día que de él comieres, ciertamente morirás."* Dios le dio Su mensaje a Adán antes de que Eva fuese creada. Luego en Génesis 3:2-3 encontramos que Eva le presentó esta misma instrucción a Satanás. Basado en I Corintios 14:34-35 que dice, *"... Y si quieren [las mujeres] aprender algo, pregunten en casa a sus maridos; ...,"* es seguro suponer que Adán, como el jefe espiritual le comunicó la instrucción de Dios a Eva.

Después, cuando Dios vino para enfrentar a la pareja sobre el ocultarse de Él, le habló directo a Adán primero. A Adán le fue dado el liderazgo en la relación y ahora necesitaba ser el primero en responder por su fracaso (Lucas 12:47-48).

Por fin, en lo que Dios presentaba a Adán su castigo por pecar, comenzó con, *"Por cuanto obedeciste a la voz de tu mujer ..."* (Génesis 3:17). Cuando Adán eligió comer del fruto prohibido que su esposa le presentó y lo animó a comer, eligió desobedecer directamente a Dios por primera vez. Como resultado, parecería que las nuevas palabras y deseos pecaminosos de Eva eran de más valor para él que su papel de llevarla a hacer lo correcto. Más tarde, cuando fue confrontado por Dios, Adán trató de culparla (y a Dios) por su pecado al decir, *"La mujer que me diste por compañera me dio del árbol, y yo comí"* (Génesis 3:12).

Desafortunadamente, Eva, en su nueva condición pecaminosa, animó a Adán a pecar con ella en lugar de ser su ayuda idónea espiritual, ayudándole en su obediencia a Dios y su liderazgo de ella a hacer los mismo, cuándo ella *"... tomó de su fruto, y comió; y dio también a su marido, el cual comió así como ella"*

(Génesis 3:6). Eva pecó, e inmediatamente se volvió hacia Adán y minó el mandamiento de Dios y el liderazgo de su esposo por ofrecerle la oportunidad de desobedecer el mandamiento de Dios que él había compartido previamente con ella. Siguiendo el pecado de Eva, ella comenzó a fracasar en su papel de ayuda idónea, ya que no animó a su esposo a que cumpliera su propósito creado de obedecer y glorificar a Dios, sino que la alentó a rebelarse contra Dios, desobedeciendo a Su Palabra.

Las palabras de Dios para Adán revelan este proceso, *"Por cuanto obedeciste a la voz de tu mujer, y comiste del árbol ..."* (Génesis 3:17). Adán le había comunicado a Eva el mandato de Dios sobre la fruta, pero ella ignoró su instrucción y liderazgo y se lo ofreció de todos modos. Los deberes del liderazgo fueron invertidos cuando Eva involucró a Adán y el pecado fue permitido a entrar en sus vidas. Después, cuando Dios entregó su castigo por el pecado de Eva, le reiteró su deber bajo el liderazgo de su marido diciendo, *"... y tu deseo será para tu marido, y él se enseñoreará de ti"* (Génesis 3:16). No mal interprete, los deberes del liderazgo de Dios son establecidos para la protección y no para la humillación (Números 30:1-16). I Timoteo 2:12-14 dice, *"... y Adán no fue engañado, sino que la mujer, siendo engañada, incurrió en transgresión."* Si la esposa busca la protección del liderazgo de su esposo cuando es tentada, y el esposo sólo recibe las palabras de su esposa que no violen la Palabra de Dios, muchos pecados matrimoniales podrían ser evitados. Dios estableció el papel del liderazgo del esposo como protección para su esposa, mientras que él, el esposo, obedece al liderazgo de Dios y está protegido por Él. Para que esto funcione lo tiene que entender y prestarle atención a I Corintios 11:3 cuando dice, *"Pero quiero que sepáis que Cristo es la cabeza de todo varón, y el varón es la cabeza de la mujer, y Dios la cabeza de Cristo."*

❤ *¿Estamos listos para aceptar nuestros deberes particulares como están especificados en el Pacto Matrimonial?*

La Igualdad del Hombre y la Mujer

Génesis 2:18-20 dicen, *"Y dijo Jehová Dios: No es bueno que el hombre esté solo; le haré ayuda idónea para él. Jehová Dios formó, pues, de la tierra toda bestia del campo, y toda ave de los cielos, y las trajo a Adán para que viese cómo las había de llamar; y todo lo que Adán llamó a los animales vivientes, ese es su nombre. Y puso Adán nombre a toda bestia y ave de los cielos y a todo ganado del campo; mas para Adán no se halló ayuda idónea para él."* Dios, en su sabiduría, sabía que el hombre necesitaba una compañera y ayudante (Génesis 2:18). En lugar de crear a una mujer inmediatamente, creó y trajo todos los animales del mundo antes del hombre. Es muy posible que cuando miró a cada nuevo animal, estaba buscando la *"ayuda idónea"* que Dios dijo que en verdad necesitaba. Sin embargo, *"mas para Adán no se halló ayuda idónea para él"* (Génesis 2:20b). Ningún animal fue apropiado. Adán necesitaba a una ayudante que era *"idónea para él"*, o adecuada e igual a él. Necesitaba que una ayudante, hecha de su lado, estuviera de pie junto a él. La mujer era la creación perfecta, igual a Adán y preparada para la tarea de ser su ayudante.

El mundo, hoy en día, pide por la igualdad de hombres y mujeres. Dios no niega la igualdad, sólo especifica sus deberes.

Igualdad Basada en la Vida Física

El hombre y la mujer son equitativamente importantes y necesarios en el proceso de producir la vida. I Corintios 11:11-12 dice, *"Pero en el Señor, ni el varón es sin la mujer, ni la mujer sin el varón; porque así como la mujer procede del varón, también el varón nace de la mujer; pero todo procede de Dios."* Ambos, el hombre y la mujer, son dependientes entre sí para la vida y satisfacción. Sin el hombre, la mujer no existiría (Génesis 2:21-23), y sin la mujer, el hombre deja de ser. Ambos, el hombre y la mujer, son equitativamente importantes en la realización del mandato de Dios de *"Fructificad y multiplicaos; llenad la tierra, y sojuzgadla ..."* (Génesis 1:28).

I Corintios 7:4 enseña la igualdad del esposo y la esposa cuando presenta la autoridad del cuerpo a la otra persona por decir, *"La mujer no tiene potestad sobre su propio cuerpo, sino el marido; ni tampoco tiene el marido potestad sobre su propio cuerpo, sino la mujer."* Ademas, versículos 33-34 añaden a la igualdad del hombre y la mujer cuando dicen, *"pero el casado tiene cuidado de ... cómo agradar a su mujer ... a casada tiene cuidado de ... cómo agradar a su marido."* Un marido y esposa son equitativamente responsables para dedicar sus cuerpos y vidas a cada deseo y necesidad del otro. Deben tratar de complacer lo demás equitativamente para desarrollar su relación exhibiendo el amor bíblico.

Igualdad Basada en la Vida Espiritual

Dios es muy claro en que cada persona individualmente le importa a Él (Romanos 2:11, Colosenses 3:11). Esta trascendencia espiritual e igualdad también son vista entre un marido y esposa cuando Pedro proporciona al marido la instrucción que dice, *"Vosotros, maridos, igualmente, vivid con ellas sabiamente, dando honor a la mujer como a vaso más frágil, y como a coherederas de la gracia de la vida, para que vuestras oraciones no tengan estorbo"* (I Pedro 3:7). La igualdad espiritual de la mujer no es solamente presentada, pero al hombre le es dado una advertencia de que si no la trata correctamente, su condición espiritual será afectada. Cada persona de manera individual es equitativamente importante y de igual valor (Lucas 12:6-7).

❤ *¿Aceptamos el valor y la igualdad de sí como dado por Dios?*

♦Las Preguntas para Edificar la Relación♣
Artículo IV

1. ¿Cuáles son los deberes particulares dados por Dios al hombre y la mujer?
   a. El hombre: _____
      (Génesis 2:19-20, I Timoteo 2:12-13)
   b. La mujer: _____
      (Génesis 2:18-20)
   ¿Cómo puede un marido mostrar el liderazgo cariñoso a su esposa?
      i. _____
      ii. _____
      iii. _____
   ¿Cómo puede mostrar una esposa la propuesta humilde a su marido?
      i. _____
      ii. _____
      iii. _____

2. ¿Cuál es el orden del liderazgo en un matrimonio Cristiano? (I Corintios 11:3)
   a. _____
   b. _____
   c. _____
   d. _____
   ¿Quién debe suministrar el liderazgo espiritual y la orientación humana en el matrimonio? (I Corintios 14:34-35)
   _____
   ¿Cómo puede ser preparado un marido para dar el liderazgo espiritual que necesita su esposa? _____
   _____

3. ¿Cuál es el resultado del "Fracaso en los deberes" en el Pacto Matrimonial? _____

   ¿Cuáles son algunas maneras en que el "Fracaso en los deberes" podría ser exhibido en las relaciones hoy en día?

   a. _____
   b. _____
   c. _____

4. ¿En qué dos maneras expresa la Biblia la igualdad de un hombre y mujer?

   a. I Corintios 11:11-12 _____
   b. I Pedro 3:7 _____

Reconocer las Diferencias Entre el Hombre y la Mujer
Génesis 1-3

Génesis 1:26-31
La creación unida
con igual valor y el propósito unificado.

*Valor - A la imagen de Dios
(Espiritual - I Pedro 3:7)
Propósito - Reproducción y Dominio Mundial
(Físico - I Corintios 11:11-12)*

Génesis 2:7-25
La creación separada con los deberes particulares.
(I Timoteo 2:12-14)

Hombre	**Mujer**
Líder (7, 16-17, 23-24)	Compañera (18)
Trabajador (15)	Ayudante (18, 20)
Hacedor de las Decisiones (19-20, 23)	Dependiente (23)
Nota - Adán descansó antes de conocer a Eva (21)	*Nota - Adán nombró a la mujer basado en su nombre "varón" y después lo cambio a Eva (23, 3:20)*

*Lo que Dios estableció con la creación perfecta,
la carne, el mundo, y el Diablo tratarán
en distorsionar y hacer lo puesto.*

Génesis 3:1-6
El comienzo del pecado
provocado en diferentes maneras.
(I Timoteo 2:14)

Hombre	**Mujer**
Seleccionado (6)	Engañada (1-6)

Génesis 3:7–8
El resultado del pecado es
la vergüenza y ambos se cubrieron.

Génesis 3:9
El llamado de Dios al hombre
para enfrentar la situación.

Génesis 3:9-13
La confrontación del pecado
suministra el conocimiento de Dios
y la carne del hombre y la mujer.

Hombre	Mujer
Primero - Responsabilidad	Segundo - Responsabilidad
Primaria (9, 12)	Secundaría(13)
Le echa la culpa (12)	Le echa la culpa (13)

Génesis 3:16-25
El castigo distinto a ambos revela
los deberes y las responsabilidades especiales.

Hombre	Mujer
Líder (17a)	Sujeción (16b)
Trabajador (17b-19a)	Madre (16a)

Un Entendimiento Práctico
Sobre el Hombre y la Mujer
Basado de Adán y Eva

Cuando consideremos cómo y por qué creó Dios al hombre y la mujer en Génesis 2:7-25, podemos comprender por qué somos tan diferentes y por qué pensamos, sentimos, y actuamos de manera muy diferente en diversas situaciones. Estas diferencias no son para destruirnos, sino para completarnos. Una pareja Cristiana "madura" aceptará las diferencias entre los dos, como la ayuda personal de Dios a través de la vida misma. La respuesta a la pregunta fundamental de ¿por qué él o ella piensa y actúa en forma diferente? Es para que ellos puedan fortalecerse en vez de destruirse. He aquí algunas categorías generales en las que los hombres y las mujeres a menudo son diferentes.

Hombre	Mujer
Líder (7, 16-17, 23-24)	**Compañera** (18)
1. Busca el respeto	1. Busca el amor
2. Interés en hacer	2. Interés en ser
3. Orientado a la competencia	3. Orientada en la persona
4. Orientado a las metas	4. Orientada en las cosas sociales
5. Las decisiones basadas en el conocimiento	5. Las decisiones basadas en la emoción
6. Estimulado por la vista	6. Estimulada por el tacto

*Adaptado de los materiales presentados en la clase Familiar Cristiano, Dr. Wynne Kimbrough, NBBC, 1996, página 20. Usado con permiso.

Trabajador (15)	Ayudante (18, 20)
7. Orientado a la profesión	7. Orientada en las relaciones
8. Encuentra satisfacción en el trabajo	8. Encuentra satisfacción en la casa e hijos
9. Basado en la lógica	9. Basada en la intuición
10. Conciente de las responsabilidades	10. Conciente en la presencia
11. Todo el cuadro	11. Pone atención a los detalles
12. Triunfador (negocio)	12. Cuidadora (casa)
13. Violencia física	13. Violencia verbal
14. Se concentra en una sola cosa a la vez	14. Se concentra en muchas cosas a la vez
15. Enfocado en lo externo	15. Enfocada en lo interno
16. Invierte en cosas	16. Invierte en las personas
17. Enfocado más en lo terrenal	17. Enfocada más en lo espiritual

Hacedor de las Decisiones (19-20, 23)	Dependiente (23)
18. Suficiente tiempo para considerar las opciones	18. Suficiente tiempo para ser escuchado y entendido
19. Habla de la mente	19. Habla del corazón
20. Seguridad en sí mismo	20. Necesita palabras tranquilizadoras

21. Corre riesgos
22. Insensibilidad

21. Desea seguridad
22. Vulnerable y
    sensibilidad

Características Admirable
para una Relación para la Vida
Basado en Booz y Rut
Rut 1-4

9 Características Admirable por el Marido

1. **Liderazgo** (2:1, 4) - Un marido debe proveer liderazgo para su esposa en las decisiones espirituales y las diarias.
2. **Atención** (2:5, 7, 11, 3:8-10) - Un marido debe prestar atención y complementaria de la apariencia y las acciones de su mujer.
3. **Proveedor** (2:8-9, 14-16, 3:15) - Un marido debe tratar de proveer para las necesidades de su mujer.
4. **Protector** (2:9-16, 3:14) - Un marido debe ser consciente de los peligros que rodean a su mujer, y hará su protección.
5. **Amabilidad** (2:13-14) - Un marido debe mostrar bondad a su esposa con sus palabras y acciones.
6. **Humildad** (3:10) - Un marido debe ser humilde y agradecida de que su mujer ha escogido para ser su marido.
7. **Honor** (3:11-13, 18) - Un marido debe tratar a su esposa con honor y asegurarla que va a hacer su parte de resolver cualquier dificultades que encuentran.
8. **Integridad** (4:1-12) - Un marido siempre tiene que cumplir sus responsabilidades con su mujer y con las personas con la mayor integridad en público y privado.
9. **Compartir** (4:10, 13) - Un marido debe compartir su hogar, su vida, y su mismo con su esposa.

9 Características Admirable por al Mujer

1. **Compromiso** (1:14-22, 2:6-7, 3:5, 11) - Una mujer debe estar comprometido a seguir el liderazgo de su esposo en las decisiones espirituales y las diarias.
2. **Diligencia** (2:2-3, 7) - Una mujer debe ser diligente en su trabajo y en su cumplimiento de su parte de proveer para su familia.
3. **Respetuosidad** (2:7, 10) - Una mujer debe respetar a su marido en su discurso por suplicar y mostrar respeto con sus palabras y acciones.
4. **Apreciación** (2:10, 13) - Una mujer debe mostrar su agradecimiento por la provisión y la protección de su marido.
5. **Confianza** (2:12-13) - Una mujer debe confiar en Dios y en su marido para proveer, proteger y guiar su vida.
6. **Receptivdad** (3:1-8) - Una mujer debe estar dispuesto a recibir y seguir el consejo piadoso de su relación con su marido.
7. **Paciencia** (3:18) - Una mujer debe esperar pacientemente por las decisiones de su marido y el tiempo que toma para que cumpla con sus compromisos.
8. **Virtud** (3:11) - Una mujer debe mantener un testimonio virtuosa en público y en privado.
9. **Compartir** (4:10, 13) - Una mujer debe compartir su hogar, su vida, y ella misma con su marido.

Capitulo 5

Articulo V
Las Responsabilidades en el Pacto Matrimonial
Génesis 1:27-31, 3:16-17

Las Responsabilidades Juntas del Hombre y la Mujer

En Génesis 1:27-31 Dios dio al hombre y mujer sus responsabilidades generales cuando dice, *"Y creó Dios al hombre a su imagen, a imagen de Dios lo creó; varón y hembra los creó. Y los bendijo Dios, y les dijo: Fructificad y multiplicaos; llenad la tierra, y sojuzgadla, y señoread en los peces del mar, en las aves de los cielos, y en todas las bestias que se mueven sobre la tierra. Y dijo Dios: He aquí que os he dado toda planta que da semilla, que está sobre toda la tierra, y todo árbol en que hay fruto y que da semilla; os serán para comer. Y a toda bestia de la tierra, y a todas las aves de los cielos, y a todo lo que se arrastra sobre la tierra, en que hay vida, toda planta verde les será para comer. Y fue así. Y vio Dios todo lo que había hecho, y he aquí que era bueno en gran manera. Y fue la tarde y la mañana el día sexto."*

En el sexto día de la creación, Dios perfectamente creó al hombre y mujer para cumplir deberes específicos, por lo cual ellos podían cumplir la responsabilidad de toda la humanidad. Iban a empezar una familia y a hacerse cargo del mundo recién creado. El marido iba a cumplir con su deber de líder mientras su esposa cumpliría con su deber de ayudar a su esposo en cada tarea que enfrentarían.

❤ *¿Estamos deseando trabajar juntos mientras cumplimos nuestras responsabilidades dadas por Dios?*

La Responsabilidad Individual del Hombre y la Mujer

El castigo de Dios a Eva y Edam provee una perspectiva más sobre los deberes individuales que Él desea para un esposo y una esposa. En Génesis 3:16-17 Dios le dijo a Eva, *"A la mujer dijo: Multiplicaré en gran manera los dolores en tus preñeces; con dolor darás a luz los hijos; y tu deseo será para tu marido, y él se enseñoreará de ti. Y al hombre dijo: Por cuanto obedeciste a la voz de tu mujer, y comiste del árbol de que te mandé diciendo: No comerás de él; ... "* Dios hizo ver muy claro que el marido era el líder y la mujer tenía que seguirlo. Por lo tanto, las responsabilidades del hombre y la mujer están conectadas en sus deberes específicos.

Efesios 5:22-33 ayuda a explicarnos completamente la forma en que el marido y la mujer deben trabajar juntos en sus deberes particulares para cumplir con su responsabilidades generales en Génesis 1:27-31. En este pasaje, las responsabilidades privadas del esposo y la esposa se comparan a la relación entre Jesucristo y la iglesia. Consideremos la enseñanza de este pasaje, así como otros pasajes similares a través del Nuevo Testamento que nos ayudan a encontrar las responsabilidades específicas a cada miembro del equipo matrimonial.

Las responsabilidades del marido se fundan en el liderazgo de amor

Efesios 5:25-32, dice, *"Maridos, amad a vuestras mujeres, así como Cristo amó a la iglesia, y se entregó a sí mismo por ella, para santificarla, habiéndola purificado en el lavamiento del agua por la palabra, a fin de presentársela a sí mismo, una iglesia gloriosa, que no tuviese mancha ni arruga ni cosa semejante, sino que fuese santa y sin mancha. Así también los maridos deben amar a sus mujeres como a sus mismos cuerpos. El que ama a su mujer, a sí mismo se ama. Porque nadie aborreció jamás a su propia carne, sino que la sustenta y la cuida, como también Cristo a la iglesia, porque somos miembros de su cuerpo, de su carne y de sus huesos. Por esto dejará el hombre a su padre y a su madre, y se unirá a su mujer, y los dos serán una sola carne. Grande es este misterio; mas yo digo esto respecto de Cristo y de la iglesia."* Es la responsabilidad del marido que represente a Jesucristo ante su esposa, no en su poder o autoridad, sino por el amor en el poder y autoridad de Dios. El marido debe reconocer la responsabilidad significativa que tiene y de cumplirla con el máximo cuidado. Su liderazgo no es ser un dictador, sino una presencia de dirección y protección. Debe ser un líder que está dispuesto para sacrificar cada posición, derechos, y poder en amor por el bien de su esposa. Jesucristo proporciona un ejemplo de buen liderazgo amoroso cuando Él *"... siendo en forma de Dios, no estimó el ser igual a Dios como cosa a que aferrarse, sino que se despojó a sí mismo, tomando forma de siervo, hecho semejante a los hombres; y estando en la condición de hombre, se humilló a sí mismo, haciéndose obediente hasta la muerte, y muerte de cruz."* (Filipenses 2:6-8). Un marido debe cuidar amorosamente a su esposa como lo hace para sí mismo porque *"... El que ama a su mujer, a sí mismo se ama. Porque nadie aborreció jamás a su propia carne, sino que la sustenta y la cuida, como también Cristo a la iglesia"* (Efesios 5:28-29).

♦ Él debe amar a su esposa con un amor sacrificado (25, 28-29).

*Colosenses 3:19

*I Pedro 3:7

♦ Él debe ser un líder espiritual guiando a su esposa con la palabra de Dios para que ella pueda estar sin mancha espiritual (26).

*I Corintios 14:34-35

♦ Él debe cuidar y proteger a su esposa (29).

*I Timoteo 5:8

El liderazgo del amor es un liderazgo preparado y protector. Un marido que cumple sus responsabilidades como líder va a crecer constantemente en su espiritualidad para que pueda ofrecer instrucción a su esposa cuando ella tenga preguntas e inquietudes (I Corintios 14:34-35). Estará también alerta a los ataques actuales y futuros que su familia sufra para que pueda protegerlos de la destrucción. Proverbios 22:3 dice, *"El avisado ve el mal y se esconde; Mas los simples pasan y reciben el daño."*

El liderazgo del marido puede compararse con el primer coche en una caravana, en una noche oscura, y por carreteras lluviosas. Los faros de éste coche no sólo proporcionan iluminación para sí mismo, sino también amplían la iluminación de los coches que le siguen. Y como el conductor principal toma las decisiones sabias, ayuda a proporcionar a los otros conductores clara dirección para cada una de sus decisiones. Sin embargo, cuando las luces disminuyen y las decisiones desfallecen, el primer carro y su chofer comenzara a perder su utilidad y puede llevara los otros carros a grave peligro. Por este motivo, el marido Cristiano debe estar diariamente en la palabra de Dios para que pueda ser *"Lámpara es a mis [sus] pies tu palabra, Y lumbrera a mi [sus] camino"* (Salmo 119:105). Debe buscar a Dios para cada decisión y depender en Su promesa: *"Te haré entender, y te enseñaré el camino en que debes andar; Sobre ti fijaré mis ojos."* (Salmo 32:8).

❤ *¿Como marido, me he preparado a conducir amorosamente a mi esposa, no importa el sacrificio de mi bienestar o deseos personales?*

Las Responsabilidades del Marido a Su Esposa

Efesios 5:25-33
 Amar (como Cristo)
 Sustentar y cuidar (como su propio cuerpo)
 Amar (como a sí mismo)
Colosenses 3:19
 Amar
 No ser áspero (no actuar duramente)
I Timoteo 5:8
 Proveer (atender a las necesidades)
I Pedro 3:7
 Vivir (estar con)
 Ser sabio (estudiar, aprender y aplicar)
 Honrar (como un vaso frágil y como creyentes compañeras)

El Ejemplo de las Responsabilidades Completadas por el Marido
José & María
Mateo 1:18-25, 2:13-15

1. Amor - Él no deseó hacerse un ejemplo público (18-19)
2. Amar, Sustentar, No ser Áspero, Proveer, Vivir, ser Sabio - Él no la dejó secretamente, sino en obediencia, le trajo a su propia casa (él podía deshonrarla en gran manera) (20-24)
3. Honrar - Él no conoció a su esposa, sino le honró como virgen embarazada (25)

Las Responsabilidades de la Esposa se Fundan en una Sumisión de Utilidad

Efesios 5:22-24 y 33 dicen, *"Las casadas estén sujetas a sus propios maridos, como al Señor; porque el marido es cabeza de la mujer, así como Cristo es cabeza de la iglesia, la cual es su cuerpo, y él es su Salvador. Así que, como la iglesia está sujeta a Cristo, así también las casadas lo estén a sus maridos en todo ... y la mujer respete a su marido."* La responsabilidad de la mujer es ser sumisa a la dirección de su marido.

Sumisión no es pacifismo o esclavitud. Es una elección personal a ceder posiciones personales, derechos, y poder a los dirigentes de la otra parte. Jesucristo provee el ejemplo perfecto de la obediencia sumisa con su muerte en la cruz. En Juan 10:17-18 Jesús dijo, *"Por eso me ama el Padre, porque yo pongo mi vida, para volverla a tomar. Nadie me la quita, sino que yo de mí mismo la pongo. Tengo poder para ponerla, y tengo poder para volverla a tomar. Este mandamiento recibí de mi Padre."* Una esposa no debe ser forzada por medios humanos a honrar la dirección de su marido. Ella debe seguir el ejemplo de obediencia sumisa por la Iglesia a Jesucristo, *"y él es la cabeza del cuerpo que es la iglesia ..."* (Colosenses 1:18), es decir, en la toma de decisiones. Cuando lleva la cabeza, el cuerpo sigue naturalmente. Así que una esposa voluntariamente y fácilmente se presentará a sí misma a la autoridad de Dios sobre la casa siguiendo el liderazgo de su marido.

♦ Ella debe ser sumisa (sujeta) a su marido (22-24).
♦ Como ella es sumisa al Señor (basado en la autoridad del Señor) (22).
  *Colosenses 3:18
♦ Basado en el ejemplo de la responsabilidad de la iglesia para seguir a Jesucristo (23-24).
♦ En todos los áreas de su vida y su relación (24b).
♦ Ella debe respetar (honrar) a su marido (33).

Utilidad sumisa es apoyo manso. Una esposa que está cumpliendo su responsabilidad seguirá instrucciones de Dios para *"estad sujetas a vuestros maridos"* con *"un espíritu afable y apacible, que es de grande estima delante de Dios."* (I Pedro 3:1-4). Ella intentará sabiamente tomar decisiones que va a ser una bendición para su marido y su familia. Proverbios 19:14 dice, *"La casa y las riquezas son herencia de los padres; Mas de Jehová la mujer prudente."*

Utilidad de sumisión por la mujer puede compararse con un buen condimento para una comida. Cuando no hay suficientes condimentos, la comida es sosa. Cuando hay demasiados condimentos, la comida es muy fuerte. Sin embargo, cuando el condimento es justo, mejoran totalmente los sabores originales del alimento, y a su vez recibe su alabanza adecuada. Asimismo, una esposa que condimenta adecuadamente la vida de su marido con su sabiduría útil y sus habilidades, ayuda a producir una relación que es muy sazonada para que el mundo alrededor de ellos lo puedan disfrutar con el fin de que ella reciba su gran alabanza (Salmos 31:10-31).

❤ *¿Como esposa, me he preparado humildemente para seguir el liderazgo de mi marido, no importa el sacrificio de mi bienestar o deseos personales?*

Las Responsabilidades de la Esposa al Marido

Efesios 5:22-23, 33
    Sujetar (como al Señor)
        (como la iglesia a Cristo)
    Respetar
Colosenses 3:18
    Sujetar (como es conveniente en el Señor)
Tito 2:1, 3-5
    Amar (a su marido)
    Amar a sus hijos (los hijos de su marido)
    Cuidadora en el hogar (el hogar de su marido)
    Sujetar (a su marido)
I Pedro 3:1-6
    Sujetar
    Ser vista (de conducta casta y respetuosa)
        Vestida (afable y apacible)

El Ejemplo de las Responsabilidades Completas por la Esposa
Proverbios 31:10-31

1. Reverencia - Su marido tiene más honor debido a su testimonio (11-12, 23)
2. Sujetar- Su trabajo muestra su utilidad y dedicación (13-21, 24, 27)
3. Respetar - Su discurso muestra honra en sabiduría y bondad
4. Ser vista, adornado - Su belleza es mucho más profunda que su apariencia (30)

❧Las Preguntas para Edificar la Relación❦
Articulo V

1. ¿Cuáles son las dos responsabilidades dadas a Adán y Eva?

   a. _____

   b. _____

   ¿Cuales son algunas tareas familiares en que necesitarán trabajar juntos para lograr según esto sus responsabilidades individuales?

   a. _____

   b. _____

   c. _____

   d. _____

   e. _____

2. ¿Cuáles son las responsabilidades dadas por Dios a un marido? (Efesios 5:25-33, Colosenses 3:19, I Timoteo 5:8, I Pedro 3:7)

   a. _____

   b. _____

   c. _____

   d. _____

   e. _____

   f. _____

   g. _____

3. ¿Cómo puede un esposo prácticamente cumplir su responsabilidad de dirigir a su esposa en el amor?

   a. _____

   b. _____

   c. _____

   d. _____

   ¿Cómo puede un esposo prepararse como un líder espiritual?

   _____

   _____

4. ¿Cuáles son las responsabilidades dadas por Dios a una esposa? (Efesios 5:22-33, Colosenses 3:18, Tito 2:1, 3-5, I Pedro 3:1-6)

a. _____

b. _____

c. _____

d. _____

e. _____

f. _____

g. _____

5. ¿Cómo puede una mujer prácticamente cumplir su responsabilidad de ser una ayuda a su marido mientras él presentar su liderazgo?

a. _____

b. _____

c. _____

d. _____

¿Cómo puede una esposa alentar a su marido para ser el líder espiritual? _____

_____

_____

❤ Las Responsabilidades en el Pacto Matrimonial ❤

6. Novios - Basado en Efesios 5:33 y I Pedro 2:7, ¿cuáles son las tres cosas nuevas que ha aprendido sobre su novia y cómo puede mostrarle su amor a ella basado en este conocimiento?

a. _____

b. _____

c. _____

   *¿Cómo puede usted amarla incluso cuando ella le falla?

   _____

   _____

   _____

Novia - Basado en Efesios 5:33, ¿cuáles son las tres cosas sobre su novio con el cual puede honrarlo?

a. _____

b. _____

c. _____

   *¿Cómo puede usted honrarlo incluso cuando él le falla?

   _____

   _____

   _____

La Realidad de la Responsabilidad

Dios ha provisto al marido y a la mujer con responsabilidades muy concretas. Toma poco tiempo para describir cómo un marido y su esposa obedientes prácticamente pueden cumplir estas responsabilidades diarias.

Las Responsabilidades del Marido a Su Esposa

El Marido Espiritual	El Marido Práctico
Efesios 5:25-33	
Amar (como Cristo)	
Sustentar y cuidar (como su propio cuerpo)	
Amar (como a sí mismo)	
Colosenses 3:19	
Amar	
No ser áspero (no actuar duramente)	
I Timoteo 5:8	
Proveer (atender a las necesidades)	
I Pedro 3:7	
Vivir (estar con)	
Ser sabio (estudiar, aprender y aplicar)	
Honrar (como un vaso frágil y como creyentes compañeras)	

Las Responsabilidades de la Esposa al Marido

La Esposa Espiritual	La Esposa Practica
Efesios 5:22-23, 33	
Sujetar (como al Señor) (como la iglesia a Cristo)	
Respetar	
Colosenses 3:18	
Sujetar (como es conveniente en el Señor)	
Tito 2:1, 3-5	
Amar (a su marido)	
Amar a sus hijos (los hijos de su marido)	
Cuidadora en el hogar (el hogar de su marido)	
Sujetar (a su marido)	
I Pedro 3:1-6	
Sujetar	
Ser vista (de conducta casta y respetuosa)	
Vestida (afable y apacible)	

La Inversión de las Responsabilidades

Satanás, el mundo y la carne siempre intentan invertir o distorsionar lo que Dios ha hecho perfectamente. Lo mismo es cierto para las responsabilidades que el marido y la esposa. Toma poco tiempo para

Las Responsabilidades del Marido a Su Esposa

El Marido Espiritual	El Marido Práctico
Efesios 5:25-33	
Amar (como Cristo)	
Sustentar y cuidar (como su propio cuerpo)	
Amar (como sí mismo)	
Colosenses 3:19	
Amar	
No ser áspero (no se usa duramente)	
I Timoteo 5:8	
Proveer (atender a las necesidades)	
I Pedro 3:7	
Vivir (estar con)	
Ser sabio (estudiar, aprender y aplicar)	
Honrar (como un vaso frágil y como creyentes compañeros)	

Las Responsabilidades de la Esposa al Marido

La Esposa Espiritual	La Esposa Practica
Efesios 5:22-23, 33	
Sujetar (como al Señor)	
(como la iglesia sea a Cristo)	
Respetar	
Colosenses 3:18	
Sujetar (como es conveniente en el Señor)	
Tito 2:1, 3-5	
Amar (a su marido)	
Amar a sus hijos (los hijos de su marido)	
Cuidadora en el hogar (el hogar de su marido)	
Sujetar (a su marido)	
I Pedro 3:1-6	
Sujetar	
Ser una vista (de conducta casta y respetuosa)	
Vestida (afable y apacible)	

Capitulo 6

Artículo VI
Los Términos del Pacto Matrimonial
Génesis 2:24, 3:7-8

Un Pacto Matrimonial es mejor si es firmado por dos que son buenos amigos. Génesis 2:24 dice que el hombre *"y se unirá a su mujer, y serán una sola carne."* Un buen matrimonio cristiano está conformado por un hombre y una mujer que están "pegados", por pasar tiempo juntos, compartir experiencias de la vida juntos, y disfrutar de la comunicación juntos. Lo mismo es cierto para la amistad. Proverbios 18:24 dice, *"... Y amigo hay más unido que un hermano."* ¿Qué mejor lugar para encontrar una amistad en dos personas que son "pegados" o "unidos" en la relación de una sola carne en el matrimonio? En la relación matrimonial el marido y la mujer deben ser amigos más que sus propias relaciones de sangre por lo que no puede compararse con su cercanía juntos (es decir madre, padre, hermano–Génesis 2:24, Proverbios 18:24). Sin embargo, Proverbios 18:24 comienza con un principio importante.

Antes que dos personas puedan ser amigos íntimos es que *"ha de mostrarse amigo."* A lo largo del tiempo, amistades han abarcado golfos de distancia, cultura, origen familiar, posición social, edad, etc., con el puente de comunicación constante y sincero (I Samuel 18:1-4,). Comunicación revela una dedicación a la relación y cumple con la norma que *"En todo tiempo ama el amigo, ..."* (Proverbios 17:17). Comunicación es la clave para estar casado con su mejor amigo. El Pacto Matrimonial se cumple mejor cuando dos amigos están caminando mano a mano compartiendo experiencias de la vida, y comunicando sus pensamientos personales, sentimientos, planes, etc.

❤ *¿Estamos dispuestos a ser el uno al otro nuestro mejor amigo para toda la vida?*

La Comunicación sobre el Pasado

En cualquier pacto escrito, no se aprecia la letra pequeña. Lo mismo es cierto para un matrimonio en proceso. "Letra pequeña" antes o durante el matrimonio siempre revela secretos y la posibilidad de vergüenza debido al pecado ser encubierto. En Génesis 3:7-8 encontramos después que Adán y Eva pecaron ***"Entonces fueron abiertos los ojos de ambos, y conocieron que estaban desnudos; entonces cosieron hojas de higuera, y se hicieron delantales. Y oyeron la voz de Jehová Dios que se paseaba en el huerto, al aire del día; y el hombre y su mujer se escondieron de la presencia de Jehová Dios entre los árboles del huerto."***

La primera respuesta de Adán y Eva después de darse cuenta de su pecado fue cubrirse el uno del otro. También se intentaron ocultar a sí mismos de Dios. Por primera vez en su relación hubo vergüenza. Cuando ha habido pecado en el pasado que no se ha confesado y abandonado bíblicamente, la culpabilidad sigue afectando. Culpabilidad personal puede ser cubierta por el hombre un tiempo pero Dios siempre lo traerá a la superficie para que se pueda tratar correctamente. Proverbios 28:13 dice, ***"El que encubre sus pecados no prosperará; Mas el que los confiesa y se aparta alcanzará misericordia."***

Cuando ha habido pecado en nuestro pasado que se ha confesado y abandonado bíblicamente, I Juan 1:9 promete, ***"Si confesamos nuestros pecados, él es fiel y justo para perdonar nuestros pecados, y limpiarnos de toda maldad."*** Ya no hay ninguna razón para la culpabilidad (Romanos 8:33-34, I Juan 3:19-22), sin embargo vergüenza o tristeza relacionada sobre el pecado y sus efectos todavía puede ser presentada. El resultado final del pecado de Adán y Eva continuó por el resto de sus vidas.

Lo mismo es cierto para la relación entre marido y esposa hoy en día. Gálatas 6:7-8 presentan el principio simple de la siembra y la cosecha cuando dice, *"No os engañéis; Dios no puede ser burlado: pues todo lo que el hombre sembrare, eso también segará. Porque el que siembra para su carne, de la carne segará corrupción; mas el que siembra para el Espíritu, del Espíritu segará vida eterna."*

Antes y durante una relación de matrimonio es de suma importancia que ambos individuos sean "vergonzosamente" honestos acerca de cualquier área de su vida en la que han sembrado para la carne y que ahora le pueda traer el fruto en su relación. Para utilizar las palabras de las Escrituras, deben decir la verdad "desnuda" sin "delantales" que encubran la letra pequeña que se revelará años más tarde (Génesis 2:25, 3:7). Este proceso no es fácil ni es necesario en cada relación del noviazgo. Sin embargo, como se está estudiando el Pacto matrimonial, no debe haber secretos. Esto no indica que cada detalle debe ser revelado pero los temas generales, pecados e incidencias deben abordarse adecuadamente. También, las preguntas o preocupaciones deben ser respondidas (incluso en la medida en que más consejo bíblico sea presentado) para que haya apertura total y unidad perfecta cuando se firme el Pacto Matrimonial.

Por favor, no sea engañado por Satanás con la mentira que "realmente no importa–el pasado es el pasado." ¡Es importante! Todo lo que ha ocurrido en el pasado ha hecho efecto en lo que son hoy en día, y por lo tanto irá contigo a su matrimonio, sea bueno o malo. Lo bueno traerá alegría, y es fácil compartir con su pareja pero lo malo traerá vergüenza y el riesgo de que hará gran daño a su Pacto Matrimonial si antes no lo tratan con sinceridad y correctamente.

❤ *¿Hemos sido totalmente honestos uno con el otro sobre nuestras vidas y relaciones pasadas?*

❤ *¿Tenemos alguna duda en que no han respondido adecuadamente sobre el pasado del otro?*

La Comunicación para el Futuro

Durante una relación matrimonial, la "letra pequeña" debe evitarse a toda costa. El viejo adagio "lo que él no sabe no le dolerá" realmente no es la verdad! *"Porque nada hay encubierto, que no haya de descubrirse; ni oculto, que no haya de saberse."* (Lucas 12:2). Honestidad y comunicación adecuadas son necesarias para llevar una pareja al punto de firmar el Pacto Matrimonial, y es la única manera en que éste puede cumplirse correctamente. Génesis 2:24 dice que el marido y la mujer son *"una sola carne."* La relación de una sola carne exige una comunicación adecuada y regular para mantenerse sana. Un cuerpo físico es un gran ejemplo de la relación matrimonial. Nuestros cuerpos están llenos de vías de comunicación, y los recipientes que se llama el sistema nervioso. Éste se comunica instintivamente y casi de inmediato a todo el cuerpo tanto interna como externamente. Le comunica sensaciones de dolor, placer, etc.. Cuando una zona del cuerpo no se comunica correctamente se dice que está "adormecida." Cuando cualquier zona del cuerpo esta entumecida, hay preocupaciones de inmediato para la salud. Si el entumecimiento continúa durante un período de tiempo, puede dañarse seriamente esa zona del cuerpo (es decir; cortar, quemar, magullar) sin el resto de éste saber que tienen que cuidar sus necesidades o ayudarle a resolver sus problemas. Lo mismo sucede en la relación de una sola carne en el matrimonio. Cuando la comunicación se interrumpe, se revela un problema que debe tratarse tan pronto como sea posible para que no establezca a largo plazo entumecimiento y daños mayores.

En la relación apropiada del matrimonio debe haber una comunicación constante y abierta en todo momento. Sin embargo, cuando se ha producido el entumecimiento, el "despertarse" del área adormecida del cuerpo físico puede ser incómodo o incluso doloroso y debe ser manejado con cuidado. De igual modo, el proceso de resolver el entumecimiento de la comunicación en la relación matrimonial debe manejarse con amor paciente hasta la restauración completa y en que se haya logrado la solución (Gálatas 6:1-2, Santiago 5:19-20). Comunicación adecuada debe restablecerse con amoroso cuidado. No habrá retirada de todos *"... ira, enojo, malicia, blasfemia, palabras deshonestas de vuestra boca. No mintáis los unos a los otros, ..."* (Colosenses 3:8-9a). La regla fundamental para todas las comunicaciones debe ser *"Sea vuestra palabra siempre con gracia, sazonada con sal, para que sepáis cómo debéis responder a cada uno"* (Colosenses 4:6). Efesios 4:29 explica esta regla un poco más por decir, *"Ninguna palabra corrompida salga de vuestra boca, sino la que sea buena para la necesaria edificación, a fin de dar gracia a los oyentes."*

❤ *¿Estamos practicando la comunicación adecuada ahora compartiendo nuestros sentimientos, pensamientos, y planes abiertamente entre sí?*

❤ *¿Estamos trabajando a través de nuestras áreas de desacuerdo actuales para comunicarnos correctamente entre sí hasta que se alcance una decisión unificada?*

❤ *¿Estamos comprometidos a comunicarnos regularmente y honestamente sobre todos los aspectos de nuestras vidas así como disfrutamos nuestra "una sola carne" o relación permanentemente unificada?*

*Para más instrucción bíblica acerca de la comunicación, considere la enseñanza del libro de Proverbios y Santiago 3:1-12.

❧Las Preguntas para Edificar la Relación❦
Artículo V

1. ¿Cómo estamos creciendo con nuestro conocimiento y amistad entre ambos?
   a. _____
   b. _____
   c. _____

2. ¿Quién es nuestro mejor amigo (del mismo sexo)?
   a. Hombre: _____
   b. Mujer: _____
   ¿Estamos dispuestos a renunciar a estas amistades para ser el uno al otro de nuestro mejor amigo? _____

3. Hemos sido abiertos y honestos acerca de:
   ❏ Familia
   ❏ Pasadas relaciones
   ❏ Circunstancias de vida extraordinaria
   ❏ Vida de pecados que afectan
   ❏ Finanzas
   ❏ Salud
   ❏ Sueños personales

4. ¿Hemos pedido perdón a Dios y a otros para cualquier pecado que afecta la vida? _____
   ¿Hemos aceptado el perdón de Dios por los pecados cambiantes de la vida? (¿Hay cualquier ámbito de nuestras vidas donde es prolongada la culpa?) _____

5. ¿Cuáles son algunos aspectos en que la siembra de pecados en el pasado pueden afectar un matrimonio en el futuro? (Aquellos mencionados no es necesario ser específico en los pecados que ha cometido, sino más bien dar algunos ejemplos).

a. _____

b. _____

c. _____

6. ¿Sobre qué planes y sueños para el futuro ya nos hemos comunicado?

a. _____

b. _____

c. _____

d. _____

e. _____

¿Qué planes y sueños para el futuro todavía necesitamos comunicar para que podamos comenzar a resolver las diferencias que se puedan producir?

a. _____

b. _____

c. _____

d. _____

e. _____

7. ¿Cuáles son algunas formas en que nos debemos comunicar ambos?

   a. _____

   b. _____

   c. _____

   d. _____

   e. _____

¿Cuáles son algunas formas en que no deberíamos comunicarnos ambos?

   a. _____

   b. _____

   c. _____

   d. _____

   e. _____

5 Niveles de Comunicación

El plan de Dios es de total INTIMIDAD en el matrimonio
Génesis 2:25

"YO SOY"
Transparencia y Honestidad
Intimidad–total vulnerabilidad
Rut 3:9-14, 4:13

"ME SIENTO"
Emoción
Amistad--vulnerabilidad creciente
Rut 2:10, 13-14

"YO CREO"
Ideas y Juicios
Compañeros--vulnerabilidad reservada
Rut 2:8-9

"YO SÉ"
Verdades
Familiaridad--vulnerabilidad limitada
Rut 2:7, 10-11

"YO HAGO"
Cliché
Conocidos--ninguna vulnerabilidad
Rut 2:3-5

*Una pareja cristiana debe esforzarse en comunicarse a todos los niveles a fin de mantener el máximo nivel de la intimidad.

*Una pareja atenta reconocerá cuando un problema haya causado que les deje ser vulnerables entre sí y con ello eliminar algunos niveles de comunicación.

*Adaptado de los materiales presentados en la clase Familiar Cristiano, Dr. Wynne Kimbrough, NBBC, 1996, página 33. Usado con permiso.

Punteros Bíblicos para la Comunicación Apropiada

Dulces palabras de los labios producen dulces besos en los labios.

- La verdad puede herir, compartela con amor. - Efesios 4:15, 25, Colosenses 3:9
- Recuerda que tiene dos oídos para escuchar dos veces más de lo que hablas. - Proverbios 18:13, Santiago 1:13-19
- Como el agua apaga el fuego, una palabra suave apaga una lucha. - Proverbios 15:1, 25:15, 29:11
- El "tratamiento de silencio" no es tratamiento, es negligencia. - Efesios 4:15, 26
- Cuando no haya nada bueno que decir, no diga nada (pero siempre comunique su deseo para hablar tan pronto como se logra la calma y consideración personal). - Proverbios 10:19, 15:28, 21:23, 29:20
- "Callate" antes que "explote" (la ira, como explosiones, siempre destruye lo que toca. Pero como la espuma, un tono suave unido con palabras amables, ayuda a aliviar la tensión y el conflicto). - Proverbios 15:1, Efesios 4:31-32, Santiago 1:19-20
- Nunca pelear (cuando alguien pelee contra usted, no responda en la misma manera). - Proverbios 17:14, 20:3, Mateo 5:39, Lucas 6:31, Romanos 12:17-21, 13:13, Efesios 4:31, I Pedro 2:23, 3:8-11
- Escuchar no es únicamente oír, es comprender y tener en cuenta a los otros individuos en su punto de vista y su mejor interés. - Proverbios 18:15, I Corintios 10:23-24, Efesios 4:2, Filipenses 2:1-4
- Repetición es la clave para el aprendizaje, pero quejas son la clave para la frustración. - Proverbios 10:19, 17:9, 20:5

*Para obtener más instrucción sobre comunicación, estudiar las instrucciones dadas en Proverbios y Santiago 3:1-12.

*Adaptado de los materiales presentados en la clase Familiar Cristiano, Dr. Wynne Kimbrough, NBBC, 1996, página 33. Usado con permiso.

Capitulo 7

Artículo VII
El Conflicto en el Pacto Matrimonial
Génesis 3:1-8, 12-13, 17

La Causa del Conflicto Matrimonial

Adán y Eva no experimentaron ningún conflicto en su relación hasta que Satanás puso una cuña entre ellos a través de la tentación y el pecado.

Las Cuñas de la Tentación

La primera cuña de la tentación se desarrolló cuando Eva estuvo animada a cuestionarle a Dios, cuando Satanás dijo, *"¿Conque Dios os ha dicho ..."* (Génesis 3:1). Esta tentación de preguntar la sabiduría, conocimiento, y amor de Dios, puede venir en muchas formas (es decir, difíciles e inesperadas circunstancias), pero el resultado final siempre es una falta de fe que conduce al pecado. Por esta razón, Dios nos da el escudo de la fe con la que podamos *"apagar todos los dardos de fuego del maligno."* (Efesios 6:16) y la promesa de que *"Porque todo lo que es nacido de Dios vence al mundo; y esta es la victoria que ha vencido al mundo, nuestra fe."* (I Juan 5:4).

Un esposo y una esposa deben depender siempre en la revelación de Dios de Sí mismo a través de Su palabra escrita, la Biblia. Pueden confiar en la promesa de que, *"Gracia y paz os sean multiplicadas, en el conocimiento de Dios y de nuestro Señor Jesús. Como todas las cosas que pertenecen a la vida y a la piedad nos han sido dadas por su divino poder, mediante el conocimiento de aquel que nos llamó por su gloria y excelencia, por medio de las cuales nos ha dado preciosas y grandísimas promesas, para que por ellas llegaseis a ser participantes de la naturaleza divina, habiendo huido de la corrupción que hay en el mundo a causa de la concupiscencia;"* (II Pedro 1:2-4).

❤ *Nosotros, como pareja y como individuos, ¿creemos que la palabra de Dios es la mejor y última guía para todas las áreas de la vida?*

La segunda cuña de la tentación se desarrolló cuando Eva comenzó a vivir orgullosa y egoístamente cuando: *"vio la mujer que el árbol era bueno para comer, y que era agradable a los ojos, y árbol codiciable para alcanzar la sabiduría;"* (Génesis 3:6). Eva depedió en su comprensión humana de las circunstancias y creyó que personalmente podía obtener algo de lo que Dios les había prohibido. Ella creyó que lo que quería era lo que debía tener. Fue agradable a ELLA y ELLA decidió tomarlo. Este es el mismo patrón que Santiago 1:14-15 habla, diciendo, *"sino que cada uno es tentado, cuando de su propia concupiscencia es atraído y seducido. Entonces la concupiscencia, después que ha concebido, da a luz el pecado; y el pecado, siendo consumado, da a luz la muerte."*

❤ *Nosotros, como pareja y como individuos, ¿reconocemos que auto interés siempre conducirá al pecado y al conflicto?*

La tercera cuña de la tentación se desarrolló durante la caída de Adán, por el hecho de: *"Por cuanto obedeciste a la voz de tu mujer"* (Génesis 3:17). Cuando Adán comió el fruto que le ofreció Eva, él eligió dejar su obediencia a la Palabra de Dios para obedecer los deseos erróneos de su esposa. En ese momento, él dejó su papel del liderazgo dado por Dios de hacer el bien y llevar a su esposa a hacer lo mismo. Él dejó de seguir el programa de Dios, y por eso se apartó de la protección de Dios. Al final, Dios tomó a Adán como el responsable de las decisiones tomadas, y por lo tanto tuvo que dar cuenta del pecado que la pareja había cometido (Génesis 3: 9-11).

❤ *Nosotros, como pareja y como individuos, ¿estamos comprometidos en cumplir con nuestros deberes personales como dados por Dios y respetar el deber de nuestro cónyuge?*

*Maridos y esposas se enfrentan a estas mismas tres cuñas cada día. Satanás sabe si él puede conseguir la desconfianza, vivir en el orgullo y el egoísmo, o renunciar a sus deberes que le corresponden a uno o el otro. Él puede producir el pecado y empezar a destruir el matrimonio.

Las Pistas de los Conflictos Matrimonial

La Convicción de la Vergüenza

Génesis 3:7 dice, **"Entonces fueron abiertos los ojos de ambos, y conocieron que estaban desnudos; ... "** Anteriormente la Biblia dice con claridad que no se había producido ninguna vergüenza entre Adán y Eva al estar desnudos juntos. Ahora, porque había pecado en su vida, perdieron su inocencia personal. Estaban avergonzados de ser totalmente transparentes y revelarlo entre sí.

❤ *¿Nos comprometemos en vivir juntos de tal manera que la vergüenza no entrará en nuestro matrimonio?*

El Intento de Encubrir

Génesis 3:7 continúa diciendo, *"... entonces cosieron hojas de higuera, y se hicieron"* Adán y Eva, ahora que estaban avergonzados de su desnudez, decidieron tomar el asunto en sus propias manos. No buscaron la solución de Dios para estar bien con Él. En su lugar, inventaron su propia solución que las iba a cubrir basado en su entendimiento humano y fortaleza.

❤ *¿Nos comprometemos a que no encubramos ni ocultemos cosas entre nosotros en nuestro matrimonio?*

La Unidad Destructiva (Secreto)

Génesis 3:7 indica que Adán y Eva fueron unificados como pareja. La Biblia dice que ambos *"cosieron"* (trabajaron) juntos para lograr el mismo objetivo. Pero porque no tenían consejo piadoso, trabajaron juntos para el objetivo equivocado de encubrir su problema. Así como Eva fue impulsada por orgullo para comer de la fruta y pecar, ahora Adán y Eva estaban siendo impulsados por orgullo para intentar manejar internamente y en privado su dificultad en el matrimonio. A Satanás le encanta tentar al hombre y a la mujer (ambos), a mantener en privado las cosas "privadas." En realidad, son tentados a estar orgullosos para mejorar su situación sin consejo piadoso y ayuda adecuada. Proverbios 11:2 habla claramente, *"Cuando viene la soberbia, viene también la deshonra; Mas con los humildes está la sabiduría."* y Proverbios 16:18 agrega, *"Antes del quebrantamiento es la soberbia, Y antes de la caída la altivez de espíritu."* Y Proverbios 11:14 promete, *"Donde no hay dirección sabia, caerá el pueblo; Mas en la multitud de consejeros hay seguridad."* Una pareja cristiana casada que desea seguridad tiene que sacrificar su orgullo y buscar consejo piadoso en las influencias piadosas y autoridades que Dios le ha dado: los padres, pastores y otros creyentes maduros (Efesios 4:11-16, Tito 2:1-8). También, tiene que cuidarse del consejo humano. El mundo ofrecerá un consejo para cualquier situación, pero sólo conducirá a la destrucción. Proverbios 12:5 dice: *"Los pensamientos de los justos son rectitud; Mas los consejos de los impíos, engaño."*

💛 *¿Nos comprometemos a vivir con humildad y buscar el consejo e instrucción Bíblica para nuestro matrimonio?*

El Distanciamiento de Dios

Génesis 3:8 dice, *"Y oyeron la voz de Jehová Dios que se paseaba en el huerto, al aire del día; y el hombre y su mujer se escondieron de la presencia de Jehová Dios entre los árboles del huerto."* Un esposo y una esposa que han perdido su inocencia y tratan en cubrirse también se encontrarán más y más lejos del Señor. Van a encontrar que están lejos de su relación personal diaria con Dios, ya sea a través de menos tiempo en su devoción personal, oración, oportunidades para compartir el Evangelio, o edificar a sus compañeros creyentes. Pueden ser capaces de continuar en cumplir con sus "obligaciones" Cristianas por un tiempo, pero ellos sabrán que su calidad y amor personal para Dios ha sido apagado (Apocalipsis 2:1-7).

💛 *¿Nosotros estamos comprometidos para animarnos el uno al otro para mantener un andar personal con Dios diariamente?*

El Desplazamiento de la Culpa

En Génesis 3:12-13 se muestra más claro el conflicto entre Adán y Eva cuando Adán dijo, *"La mujer ... me dio ..."* y Eva siguió con, *"La serpiente ..."* Estos comentarios revelaron su orgullo auto protector. Ellos fueron confrontados con su pecado, pero en lugar de confesar sus faltas personales humildemente, su orgullo auto protector comenzó a echar culpas. Cuando en la carne, un esposo o una esposa trata de culpar al otro por su situación, una división crecerá rápidamente. Marcos 3:25 advierte que si *"... una casa está dividida contra sí misma, tal casa no puede permanecer."* Proverbios 13:10 dice: *"Ciertamente la soberbia concebirá contienda; ..."*

Adán y Eva eran culpables, y ambos necesitaban humillarse a fin de encontrar el perdón y la restauración (I Juan 1:9). Un marido y una esposa que encuentran se están culpando el uno al otro por cualquier situación que están atravesando, deben parar inmediatamente, confesar su orgullo personal y los pecados que han cometido a Dios y al otro. Luego, continuar en unidad con la bendición de Dios (Génesis 3:16-21).

❤ *¿Nos comprometemos en aceptar la culpa cuando hagamos lo mal y buscar el perdón y la restauración?*

El Catalizador para el Conflicto Matrimonial

Diferencias personales

El catalizador principal del conflicto matrimonial puede resumirse en la palabra "diferente." Las diferencias entre una pareja casada no están equivocadas. Algunos han dicho, "si un esposo y una esposa siempre están de acuerdo, no hay razón para uno de ellos." Génesis 2:18 es claro. Dios dice que al hombre le faltaba algo sin la presencia e influencia de la mujer. Por esta razón, la mujer fue creada para ser diferente al hombre específicamente para que ella pudiera llenar las áreas que faltaban en la vida de éste. Aunque las diferencias en un matrimonio no están equivocadas, puede causar contención y combates si no se controlan correctamente. Algunas diferencias interpersonales podrían ser tan simples como: cuáles alimentos se cocinan, cómo organizar los muebles, la cantidad de tiempo que pasen juntos, o las decisiones financieras, la intimidad física, las creencias y prácticas religiosas, como criar a los hijos, etc. Sin embargo, Proverbios 13:10 simplemente dice, *"Ciertamente la soberbia concebirá contienda."* Un esposo y una esposa que han llegado de diferentes familias, experiencias, formación, etc., pueden encontrar la sabiduría entre sí al considerar mutuamente sus puntos de vista. Pero, si por orgullo, rechazan su perspectiva y al otro individuo, habrá conflictos. Proverbios 11:2 agrega a este concepto diciendo: *"Cuando viene la soberbia, viene también la deshonra; Mas con los humildes está la sabiduría."* Santiago 3:14-16 da una descripción de la sabiduría humana o terrenal cuando dice, *"Pero si tenéis celos amargos y contención en vuestro corazón, no os jactéis, ni mintáis contra la verdad; porque esta sabiduría no es la que desciende de lo alto, sino terrenal, animal, diabólica. Porque donde hay celos y contención, allí hay perturbación y toda obra perversa."* Sabiduría terrenal se basa en el orgullo del hombre y la individualidad en lugar de la humildad y la unidad.

Verso 17 presenta una descripción de la sabiduría celestial diciendo, *"Pero la sabiduría que es de lo alto es primeramente pura, después pacífica, amable, benigna, llena de misericordia y de buenos frutos, sin incertidumbre ni hipocresía."* Sabiduría celestial se basa siempre en la pureza y busca siempre la paz. Está siempre dispuesta a escuchar y cuidarse en sus acciones. Es siempre misericordiosa con el objetivo de hacer siempre el bien. Nunca mantiene favoritismo y no se tergiversa nunca a sí mismo. Cuando una pareja enamorada bíblicamente trabaja junta, escuchando y teniendo en cuenta sus diferentes puntos (junto con la palabra de Dios) que provienen de diferentes orígenes, experiencias, sueños, etc.,–pueden tener unidad cariñosa y gran sabiduría en las decisiones que hacen juntos.

❤ *¿Nos dedicamos en permitir que nuestras diferencias mejoren la relación en lugar de causar división?*

Dificultades de la Vida

El otro gran catalizador de conflictos en el matrimonio son las dificultades o crisis de cualquier tamaño o fuente. Personas, circunstancias, y eventos externos pueden poner mucha presión sobre la pareja. Puede empezar a experimentar dificultades con el trabajo, finanzas, salud, familia, etc. El deseo de Dios es que estas situaciones los dirijan más cerca de sí mismos como pareja y como individuos (Romanos 8:28-29, I Pedro 1:5-9) y al otro (Filipenses 3:10–La relación de Pablo con Jesús creció por acercarse a través de *"la participación de sus padecimientos"*). El deseo de Satanás es que habrá cuña colocada en su relación que producirá la división y destrucción.

El Rey Salomón explicó que la unidad durante la dificultad es como una necesidad cuando dijo: *"Mejores son dos que uno; porque tienen mejor paga de su trabajo. Porque si cayeren, el uno levantará a su compañero; pero ¡ay del solo! que cuando cayere, no habrá segundo que lo levante. También si dos durmieren juntos, se calentarán mutuamente; mas ¿cómo se calentará uno solo?"* (Eclesiastés 4:9-11). En cada dificultad que encuentra como una pareja cristiana debe acercarlos más a Dios. Y a través de sus experiencias juntos, deben crecer en su amor, respeto y confianza el uno al otro.

❤ *¿Nos dedicamos a aceptar las presiones de la vida juntos y a trabajar en unidad mientras depender en Dios por Su voluntad para llevar a cabo?*

*Cuando la presión interna o externa, grande o pequeña se coloca en una pareja, y no mantienen su vista en Dios correctamente, ni un control de su orgullo adecuado, ni un

respeto de los deberes en la relación, luego seguirán el pecado y la división.

Las Preguntas para Edificar la Relación❤
Artículo VII

1. ¿Cuáles son algunas tentaciones de Satanás que pueden causar a la pareja dudar de Dios?
   a. _____
   b. _____
   c. _____
   d. _____
   e. _____

2. ¿Cuáles son algunas áreas en las que el orgullo podría provocar conflictos en un matrimonio?
   a. _____
   b. _____
   c. _____
   d. _____
   e. _____

3. ¿Cuáles son los deberes bíblicos de un esposo y una esposa?
   a. El esposo: _____
   b. La esposa: _____

4. ¿Cuáles son algunas formas en que la vergüenza se revela?
   a. _____
   b. _____
   c. _____
   d. _____
   e. _____

5. ¿Cuáles podrían ser algunos signos de "cobertura" del pecado?

a. _____

b. _____

c. _____

d. _____

e. _____

6. ¿En quien puede confiar para la enseñanza y sabiduría bíblica para su matrimonio?

a. _____

b. _____

c. _____

d. _____

e. _____

¿Están dispuestos a hablar con esas personas ahora para hacerles saber que desean su sabiduría bíblica en el futuro?

7. ¿Por qué una pareja no buscaría ayuda cuando están pasando por momentos difíciles?

a. _____

b. _____

c. _____

8. ¿Cómo pueden animarse mutuamente para crecer más cerca a Dios diariamente?

a. _____

b. _____

c. _____

d. _____

e. _____

9. ¿Cuáles son algunas frases comunes utilizadas en "echar la culpa?"

    a. _____

    b. _____

    c. _____

    d. _____

    e. _____

10. ¿Cuáles son algunas diferencias en sus personalidades?

El Esposo	La Esposa
_____	_____
_____	_____
_____	_____
_____	_____
_____	_____

¿Cuáles son algunas diferencias en sus apetitos?

El Esposo	La Esposa
_____	_____
_____	_____
_____	_____
_____	_____
_____	_____

¿Cuáles son algunas diferencias en sus hobbies?

El Esposo	La Esposa
_____	_____
_____	_____
_____	_____
_____	_____
_____	_____

¿Cuáles son algunas diferencias en su usa de dinero?

El Esposo   La Esposa

_____   _____

_____   _____

_____   _____

_____   _____

_____   _____

¿Cuáles son algunas diferencias en sus familias?

El Esposo   La Esposa

_____   _____

_____   _____

_____   _____

_____   _____

_____   _____

Tomen el tiempo de discutir estas diferencias para resolver los conflictos antes de que surjan.

11. ¿Cuáles son algunas circunstancias reales que podrían traer presión sobre su matrimonio?
(¿Cuáles son algunas circunstancias que han visto en los otros matrimonios?)

a. _____

b. _____

c. _____

d. _____

e. _____

Dediquen tiempo a discutir como pareja, pueden trabajar a través de cada una de estas situaciones posibles para la gloria de Dios y en producir la unidad para mejorar su matrimonio.

5 Etapas de Aceptar Cosas Nuevas

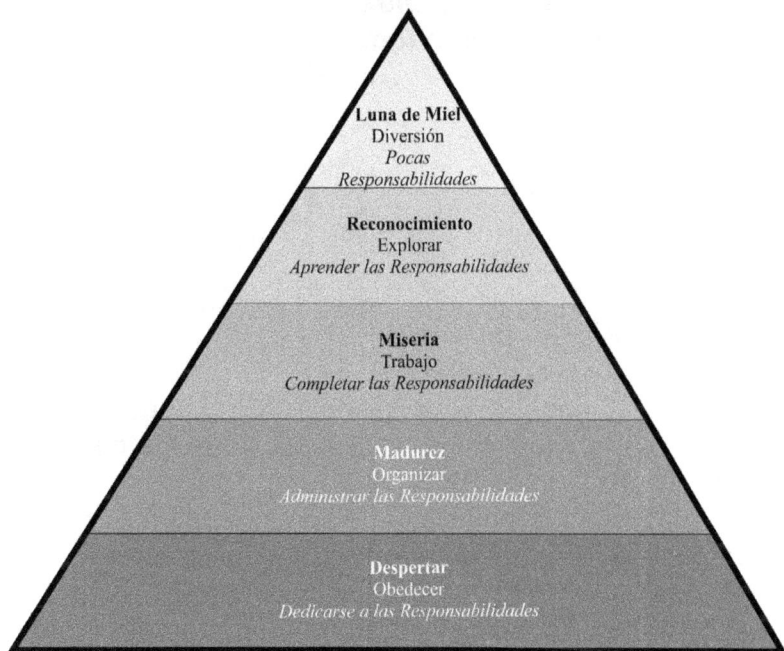

Luna de Miel
Diversión
Pocas
Responsabilidades

Reconocimiento
Explorar
Aprender las Responsabilidades

Miseria
Trabajo
Completar las Responsabilidades

Madurez
Organizar
Administrar las Responsabilidades

Despertar
Obedecer
Dedicarse a las Responsabilidades

*La duración de cada fase puede depender de la personalidad de cada individuo.

*En cada etapa la duración e intensidad pueden verse afectadas por influencias específicas y eventos que afectan a la pareja.

* Adaptado de los materiales presentados en la clase Familiar Cristiano, Dr. Wynne Kimbrough, NBBC, 1996, página 38-39. Usado con permiso.

Guardando la Paz
I Pedro 3:8-12
Romanos 12:9-21

I Pedro 3:11b
Busque la paz, y sígala.

Romanos 12:18
Si es posible,
en cuanto dependa de vosotros,
estad en paz con todos los hombres.

*I Pedro 3:1-7 enseña a los esposos cómo pueden tener un impacto espiritual en la vida de su cónyuge mientras guardar la paz.

**La mujer no debe utilizar palabras ni enfocarse en la aparencia, sino debe ser piadosa y en someterse a su marido.

**El marido no debe utilizar la fuerza, sino debe prestarle atención y tratarla con ternura.

*Romanos 12:9-21 al principio dice, *"El amor sea sin fingimiento"* y sigue enseñando cómo el amor bíblico puede evitar que se dañen las relaciones.

- ❤ Guardar la paz requiere ... (I Pedro 3:8)
  - ✎ Ser de un mismo sentir - Estar de acuerdo
    *Romanos 12:16 *Unánimes entre vosotros; no altivos, sino asociándoos con los humildes. No seáis sabios en vuestra propia opinión.*
  - ✎ Ser compasivo - Sufrir juntos
    *Romanos 12:15 *Gozaos con los que se gozan; llorad con los que lloran.*
  - ✎ Tener amor fraternal - Amar como en familia
    *Romanos 12:10 *Amaos los unos a los otros con amor fraternal; en cuanto a honra, prefiriéndoos los unos a los otros.*
  - ✎ Ser misericordioso - Simpatizar
    *Romanos 12:12 *Gozosos en la esperanza; sufridos en la tribulación; constantes en la oración;*
  - ✎ Ser amigable - Ser amable (en sus acciones)
    *Romanos 12:13 *Compartiendo para las necesidades de los santos; practicando la hospitalidad.*

- ❤ Guardar la paz restringe ... (I Pedro 3:9-11)
  - ✎ No de mal por mal (acciones) (9a, 11a)
    "*Apártese del mal, y haga el bien*"
    9 El amor sea sin fingimiento. Aborreced lo malo, seguid lo bueno.
    17 No paguéis a nadie mal por mal; procurad lo bueno delante de todos los hombres.
    19 No os venguéis vosotros mismos, amados míos, sino dejad lugar a la ira de Dios; porque escrito está: Mía es la venganza, yo pagaré, dice el Señor.
    20 Así que, si tu enemigo tuviere hambre, dale de comer; si tuviere sed, dale de beber; pues haciendo esto, ascuas de fuego amontonarás sobre su cabeza.

21 *No seas vencido de lo malo, sino vence con el bien el mal.*

✎ No da maldición por maldición (palabras) (9b, 10b)
*Ofrece bendición cuando recibe de maldición
*Romanos 12:14 ***Bendecid a los que os persiguen; bendecid, y no maldigáis.***

... Busque la paz, y sígala.
(I Corintios 12:14-27, Efesios 5:22-33)

♥ Guardar la paz trae recompensas (I Pedro 3:12)
  ✎ Una herencia de bendición
  ✎ Una vida llena de días buenos
  ✎ Una vida bajo el cuidado de Dios
    ✓ Él observa su vida
    ✓ Él escucha sus oraciones

Los Catalizadores Comunes
Y
El Consejo para los Conflictos Matrimoniales

En cada situación y decisión que enfrenta una pareja cristiana, tienen que mantener sus deberes dados por Dios y el amor bíblico de uno por el otro.

El Pasado

1. Las experiencias pasadas o la familia y la tradición (Génesis 2:24)

    a. Una evaluación adecuada de experiencias familiares debe hacerse para asegurar que las experiencias y las lecciones aprendidas son todas basadas en la Biblia.

    i. Por reconocer experiencias malas, la pareja puede prepararse para hacerlo bien.

    ii. Por reconocer experiencias buenas, la pareja puede hacer un plan para seguir el ejemplo.

    b. Una conciencia de que las tradiciones son simplemente hábitos y costumbres que deben eliminarse, cambiarse, o fusionarse para formar un nuevo hogar.

    *Jueces 6:25-32 - A veces, quitar las tradiciones familiares puede tener a un precio, pero es un gasto que Dios bendice si es hecho por Él.

2. El pecado pasado y el fruto de ese pecado (Salmo 32, 51, Mateo 6:12-15, Gálatas 6:7-8)

    a. El pecado pasado tiene que ser confesado delante de Dios y corregido delante del hombre. (Salmo 32, 51, Santiago 5:16)

b. El pecado pasado tiene que ser perdonado en su totalidad y no debe utilizarse en el futuro como un arma de manipulación. (Mateo 6:12-15)

c. El pecado pasado tiene que ser aceptado como mal pero perdonado, con ninguna culpabilidad persistente después de perdón y restauración que han sido dados. (Salmo 103:12, Romanos 8:1, 33-34, I Juan 1:9, 3:20-21)

d. El pecado pasado tiene que ser reconocido como un área de tentaciones futuras y ser evitado. (Proverbios 22:3, 27:12)

e. El fruto del pecado pasado tiene que ser aceptado humildemente, con una dependencia en Dios por su misericordia. (Gálatas 6:7-8)

La Familia y las Amistades
(Génesis 2:23-25)

1. Los familiares y amigos nunca deben estar en primer lugar.

2. Los familiares y amigos deben ser eliminados con autoridad sobre la nueva pareja.

3. Los familiares y amigos nunca deben ser más valoradas que la pareja.

4. Los familiares y amigos no deben dictar la delegación del tiempo de la pareja (aunque sus deseos pueden ser considerados en cualquier proceso de hacer las decisiones–días feriados, vacaciones, etc.)

5. Los familiares y amigos nunca deben ser usados para "lanzar críticas." Un esposo y una esposa nunca deben hablar mal sobre su cónyuge a otros. (Familiares y amigos comenzarán a pensar incorrectamente sobre el cónyuge porque escucharon de la dificultad pero nunca

de los besos y de la restauración después.) (Proverbios 17:9)

Los Hijos

1. El número de los hijos debe ser discutido y acordado basado en todas las circunstancias de la pareja junto con una búsqueda diligente de la voluntad de Dios. (Proverbios 127:5)

2. La provisión de los hijos debe ser aceptada como derecho de Dios y no una manipulación de la ciencia del hombre. (Salmo 127:3)

3. La provisión de los hijos enfermos o sanos no debe disminuir la alegría de la bendición de Dios sobre ellos como pareja y debe ser visto como algo perfecto de Dios, amante del plan para la pareja por encomendarles un alma preciosa para criar para su gloria. (Éxodo 4:10-11)

4. La crianza y la disciplina de los niños deben estar basadas fielmente a la clara enseñanza bíblica. (Proverbios 13:24, 22:6, 15, 29:15, Efesios 6:4, Colosenses 3:21)

   a. El marido debe ser el líder en la crianza de los hijos.

   b. El marido y la mujer deben discutir las normas bíblicas y aplicación práctica de la disciplina de sus hijos.

   c. El marido y la mujer deben considerarse como iguales por los niños y apoyarse mutuamente delante de sus hijos en todo momento.

Las Finanzas y Provisiones

1. Gasto y ahorro
   a. Un entendimiento de que todo lo que tienen pertenece a y es proporcionado por Dios debe ser alcanzado y recordado. (I Crónicas 29:11-12, I Timoteo 6:17)
   b. Una práctica gozosa de honrar a Dios a través de diezmos y ofrendas debe se mantenida constantemente. (Malaquías 3:8-9, II Corintios 9:6-12)
   c. Un presupuesto real debe ser establecido y seguido.
   d. El descontento debe ser rechazado y en cambio debe lograrse la alegría. (Lucas 12:15-21, I Timoteo 6:5-6, Hebreos 13:5)
   e. La deuda debe ser considerada como peligrosa y ser evitada cuanto sea posible. (Proverbios 22:7)
   f. Todo lo ganado o cobrado por el marido o la esposa debe ser compartido para el beneficio de toda la familia. (Proverbios 31:10-31)

      * Un individuo puede tener la carga de pagar las facturas, pero ambos siempre deben ser conscientes de lo que está sucediendo.
   g. La comunicación constante sobre las finanzas debe ser mantenida para que el marido y la mujer, ambos, puedan hacer decisiones sabias sobre las compras que hacen.
   h. El ahorro debe ser practicado cuanto sea posible, pero nunca depender en él por el sacrificio de la confianza en Dios. (Proverbios 22:3, 23:5, Mateo 6:19-21, I Timoteo 6:17)

2. La vivienda

   a. Todas las viviendas y posesiones (electrodomésticos, muebles, etc.) deben ser vistos como la provisión de Dios, y la pareja debe contentarse con lo que Dios le ha dado. (I Timoteo 6:8-10)

   b. El marido debe proporcionar lo mejor que pueda para la adecuada, segura, y confortable vivienda para su esposa. (I Timoteo 5:7)

   c. La esposa debe reconocer que ella está arreglando el hogar para su esposo y por lo tanto, debería tratar de agradarle en cómo ella lo cuida y mantiene. (Génesis 2:18, 20-23, Proverbios 31, 28)

3. La vocación

   a. El hombre debe ser visto como el proveedor del pan. Por lo tanto, su trabajo debe determinar la ubicación de la familia. (Donde Dios envía al hombre, envía la familia). (I Timoteo 5:8, Génesis 12:1-5)

   b. El hombre debe buscar un equilibrio en su trabajo de tal manera que no haya ningún daño a sus responsabilidades familiares. (Deuteronomio 24:5, I Corintios 7:33-34)

   c. La mujer debe ver la casa como su primera responsabilidad. Cuando se mantenga esta responsabilidad, siga el consejo y deseo de su esposo sobre el trabajo fuera del hogar. (Proverbios 31:10-31, Tito 2:4-5)

   d. Ni el esposo ni la esposa debe sacrificar erróneamente "tiempo" con la familia trabajando para ganar "cosas" para la misma. (Las cosas nunca reemplazan las relaciones y el tiempo!)

La Intimidad Física

Una explicación más detallada de este tema se presentará en la última lección "Cumplimiento en el Pacto Matrimonial."

1. Malentendido - El marido y la mujer deben aceptar que Dios ha creado la intimidad física como su plan perfecto para el placer en el Pacto Matrimonial. Aunque la intimidad física fuera del matrimonio es pecado y siempre produce culpabilidad, cumplimiento y unidad física es aprobada, fomentada, y bendecida por Dios en la relación entre marido y esposa. (Génesis 1:26-31, I Corintios 7:1-5, Hebreos 13:4)

2. Relaciones pasadas - Un esposo o una esposa, quien ha participado en otras relaciones a través de citas, compromisos, o físicamente, encarga sus recuerdos y experiencias en su nuevo matrimonio. Estas relaciones anteriores han sido una parte de la configuración que actualmente son, tanto para lo bueno y lo malo. Por esas relaciones que han incluido el pecado, puede haber culpa y vergüenza. Sin embargo, Dios desea que a través de la confesión de las culpas, éstas sean eliminadas (I John 1:9), y que a través de honestidad y transparencia en la confesión, la vergüenza no cause daños futuros (Lucas 8:17). Así, cualquier pasada relación debe ser eliminada de una fuente de comparación. Aunque es posible que habían experiencias estimulantes en el pasado, todas fueron pecaminosas y contrarias al plan perfecto de Dios en el matrimonio (Proverbios 9:17-18, Hebreos 11:25b).

3. La falta de educación (I Pedro 3:7) - Un marido y una esposa que no han tenido una amplia instrucción médica suelen tener un tiempo difícil para comprender cuan perfectamente y maravillosamente Dios creó sus cuerpos. La anatomía del hombre y la mujer se crea muy diferente, y muchos de los órganos sexuales que

proporcionan cierto placer sexual están ubicados en zonas discretas, protegidas del cuerpo. Por esta razón, es importante que cada cónyuge ayude al otro a conocer su cuerpo por exploración y comunicación. Cuando esté disponible, ambos verán buenos materiales educativos acerca de los órganos sexuales para que verdaderamente puedan comprender cómo cumplir los deseos de su esposo. Además, no debe haber ninguna vergüenza en discutir preguntas o preocupaciones con un médico si surgiera la necesidad (están entrenados y entienden la anatomía humana).

4. Frecuencia (I Corintios 7:2-5) - Un marido y una esposa nunca deben negar a su cónyuge el privilegio de intimidad física para cualquier período de tiempo prolongado. Dios ha creado la intimidad física en el matrimonio para la protección del pecado sexual, y advierte contra el ataque de tentación cuando el cumplimiento sexual adecuado en el matrimonio no está disfrutado. Sin embargo, debe haber un entendimiento amoroso del tiempo, energía, salud, etc., del otro. Dios es claro en que cada cónyuge debe *"No os neguéis el uno al otro"* pero nunca debe ser "exigentes" o "tomar" por fueras ni manipulación.

5. Incumplidas las expectativas (Proverbios 13:12, I Corintios 7:2-5) - Un marido y una esposa pueden tener sus propias ideas sobre la intimidad física. Uno puede ser aventurero mientras que el otro tiene aprehensión, o uno puede ser más agresivo, mientras que el otro es tímido. Por esta razón es muy importante expresa amor bíblico mientras está "haciendo el amor" (I Corintios 13:4-8). Un esposo y una esposa deben tener expectativas reales del uno al otro y rechaza los anuncios del mundo de la intimidad y el placer. Satanás es el maestro falsificador y mentiroso. Siempre hará las cosas en un aspecto diferente de lo que Dios dice que es. La intimidad física adecuada es como un rompecabezas: aunque el cuadro presenta

una hermosa imagen como un anuncio, y esa misma imagen está dentro del cuadro, la imagen dentro del cuadro necesita mucho trabajo, paciencia, y coordinación con el fin de reunirlas correctamente. Pero cuando el rompecabezas es terminado y todas las piezas encajan entre sí, la alegría y la satisfacción son maravillosas.

Descubrir las Diferencias

Esta es una lista de las preguntas más provechosas que te van ayudar a entender, no solamente quién será tu futuro cónyuge sino también para aprender lo que se espera de ti.

Debes tomar un poco de tiempo para investigar las diferencias de ambos y hablar sus razones cada uno. Luego, determinen la mejor manera para llegar a un acuerdo en relación a su futuro.

La vida familiar (las otras relaciones)
  ➻ ¿Qué ejemplo matrimonial proveen tus padres?
  ➻ ¿Qué influencia tienen tus hermanos en tu familia?
  ➻ ¿Cuáles eran las condiciones de vida en tu casa (pobre, de clase media, adinerado)?
  ➻ ¿Cuáles son los amigos que tienen influencias sobre ti?

La vida espiritual
  ➻ ¿Cuándo aceptaste a Jesucristo como tu Salvador personal?
  ➻ ¿Cuándo fuiste bautizado?
  ➻ ¿Cuál es la iglesia (las iglesias) que asististe en el pasado?
  ➻ ¿En cuáles ministerios de la iglesia has participado o servido?
  ➻ ¿Cuáles son tus hábitos espirituales personales actualmente?
    ↘ Devocionales diarios
    ↘ Oración
    ↘ Evangelismo

➴ Diezmar

➴ Otro

Los sueños familiares

➻ ¿Cuántos niños te gustaría tener?

➻ ¿Cuánto tiempo te gustaría pasar con tus padres?'

➻ ¿Dónde te gustaría pasar tus días libres?

➻ ¿Cuáles son algunas costumbres familiares que a ti te gustaría mantener en tu casa?

Los sueños futuros

➻ ¿En dónde te gustaría vivir?

➻ ¿Qué vocación te gustaría tener?

➻ ¿Cuál tipo de casa te gustaría poseer?

➻ ¿Cuál tipo de automóvil te gustaría guiar?

➻ ¿Qué tipo de regalos te gustaría recibir?

➻ ¿Te gustaría tener mascotas?

Los hábitos de vivir

➻ ¿A qué hora tú te levantas y te acuestas?

➻ ¿Cómo prefieres tú conducir (rápido, lento, etc.)?

➻ ¿Qué tipo de comida tú prefieres comer?

➻ ¿Cuáles son tus colores preferidos?

➻ ¿Cuáles son tu clima preferido?

➻ ¿Cuáles son tus preferencias para decorar la casa?

➻ ¿Qué pasatiempos te gustaría disfrutar?

➻ ¿Cuál es tu punto de vista sobre la política?

Las expectativas de vivir

➻ ¿Qué debe hacer el mantenimiento y arreglo del casa incluyendo las necesidades pequeñas y grandes (montar los cuadros, cambiar aceite, filtración del lavamanos, etc.)?

➠ ¿De quién será la responsabilidad de ...?

   ✎ Sacar las basura

   ✎ Cocinar

   ✎ Lavar los platos

   ✎ Limpiar la casa

   ✎ Lavar la ropa

   ✎ Llenar el carro con gasolina

   ✎ Cortar la grama

   ✎ Hacer compra de alimentos y otros

   ✎ Mantener las finanzas

➠ ¿Qué debemos hacer sobre las cosas pequeñas que hacen una diferencia grande?

   ✎ La posición del rollo de papel higiénico

   ✎ La cantidad de tiempo utilizado en el baño

   ✎ Llegar a las citas temprano o tarde

   ✎ Apretar la pasta de dientes (por arriba, por el medio, por abajo)

   ✎ Organizar tus pertenencias

   ✎ Modales en la mesa

   ✎ Ruidos personales

➠ Qué pasa si ...?

   ✎ Tenemos una pelea

   ✎ No podemos tener hijos

   ✎ Tenemos un hijo con necesidades especiales

   ✎ Perdemos nuestro trabajo

   ✎ Uno de nosotros se pone gravemente enfermo

   ✎ Tenemos que mudarnos lejos de nuestra familia, amigos, e iglesia

   ✎ Nos volvemos adinerados

Presupuesto Mensual

El Salarió del Esposo _____ El Salario de Esposa _____
La Ganancia Global _____

	Deudas	Presupuesto	Gasto Actual	Diferencia
Casa	Hipoteca/Alquiler			
	Electricidad			
	Agua			
	Teléfono			
	Cable/Internet			
	Seguro			
	Muebles			
	Impuestos			
	Mantenimiento			
	Total	$	$	$

	Deudas	Presupuesto	Gasto Actual	Diferencia
Salario	Diezmo			
	Alimentos			
	Ropa			
	Medico			
	Visión/Dental			
	Celular			
	Matrícula/Escuela			
	Vehiculo #1			
	Vehiculo #2			
	Vehiculo #3			
	Total	$	$	$

Capítulo 8

Artículo VIII
La Restauración del Pacto Matrimonial
Génesis 3:6-9, 12-13, 16-24, 4:1-2

En la restauración de una relación, ambas partes deben participar. En Génesis 3 se reveló que Adán y Eva pecaron contra Dios la forma de cómo el hombre intenta cubrir su pecado y cómo Dios trata correctamente el mismo. Una relación de matrimonio debe basarse en tratar el pecado en lugar de simplemente encubrirlo.

Génesis 3:6 dice, *"Y vio la mujer que el árbol era bueno para comer, y que era agradable a los ojos, y árbol codiciable para alcanzar la sabiduría; y tomó de su fruto, y comió; y dio también a su marido, el cual comió así como ella."* Inmediatamente después de su pecado la Biblia dice, *"Entonces fueron abiertos los ojos de ambos, y conocieron que estaban desnudos; entonces cosieron hojas de higuera, y se hicieron delantales."* (Génesis 3:7). Adán y Eva experimentaron algo que Dios nunca destinó que ellos pasaran. Su pecado les dio conocimiento de las cosas que estaban mal y en peligro. Éste también produjo sentimientos que nunca habían experimentado antes. Se encontraron con la avergüenza de no estar juntos en armonía y transparencia perfecta. Su vergüenza les motivó a hacer algo que no habían previamente realizado y trataron de cubrirse con ropa improvisada. La relación de su matrimonio fue destruida debido a su pecado. Habían violado las normas de Dios, y se encontraron que estaban fuera de la comunión entre sí. Lo mismo es cierto para cada matrimonio que permite la entrada del pecado. Habrá un impío conocimiento de las cosas que son malas, y desarrollarán la vergüenza y el secretismo. Si es desatendido, la distancia entre el marido y la esposa crecerá hasta que el matrimonio esté roto.

Confronta los Conflictos Diariamente

Inmediatamente después del pecado, y el tratar de cubrir su vergüenza Adán y Eva: *"Y oyeron la voz de Jehová Dios que se paseaba en el huerto, al aire del día;"* (Génesis 3:8). Es evidente que en el mismo día en que Adán y Eva pecaron, Dios intervino buscando enfrentar y resolver el conflicto. Dios no deseó la división entre ellos, y sabía el peligro que vendría si continuaban en sus prácticas pecaminosas. Efesios 4:26-27, dice, *"Airaos, pero no pequéis; no se ponga el sol sobre vuestro enojo, ni deis lugar al diablo."* Este mandato bíblico debe ser adoptado por cada pareja que desea la protección de Dios de los ataques satánicos sobre su matrimonio. Cuando surja un problema, deben comprometerse mutuamente en que lo resolverán lo más pronto posible (el mismo día) para que no haya ninguna posibilidad de duda de su compromiso o raíz de amargura.

❤ *¿Nos comprometemos a resolver lo más pronto posible todos los conflictos o los pecados para mantener nuestra relación protegida contra los ataques de Satanás en nuestro matrimonio?*

No Tenga Excusas

Génesis 3:8-9 continúa con la historia, *"Y oyeron la voz de Jehová Dios que se paseaba en el huerto, al aire del día; y el hombre y su mujer se escondieron de la presencia de Jehová Dios entre los árboles del huerto. Mas Jehová Dios llamó al hombre, y le dijo: ¿Dónde estás tú?"* Dios intervino buscando su compañerismo, y ellos huyeron de Él. Dios, sabiendo ya el pecado de Adán y Eva y donde estaban, comenzó Su confrontación con una pregunta, *"¿Dónde estás tú?"* Adán respondió a la pregunta de Dios diciendo: *"Oí tu voz en el huerto, y tuve miedo, porque estaba desnudo; y me escondí."* (Génesis 3:10). Dios, aún sabiendo todo, continuó con sus preguntas de convicción, preguntando *"¿Quién te enseñó que estabas desnudo? ¿Has comido del árbol de que yo te mandé no comieses?"* (Génesis 3:11). Dios confrontó a Adán directamente con su propia confesión. Adán intentó distraer a Dios del problema real. Se centró en el fruto de su pecado, en lugar de confesar sus pecados. Pero Dios vio a través del huerto y llegó a la raíz del pecado, que era su falta de fe y rebelión por comer la fruta prohibida (Santiago 1:12-15).

Lamentablemente, Adán muestra el formato encontrado más a menudo en la relación matrimonial por hacer excusas y el desplazamiento de la culpa. En lugar de aceptar su culpa, intentó pasar la responsabilidad a Eva cuando dijo, *"La mujer que me diste por compañera me dio del árbol, y yo comí."* (Génesis 3:12). Adán intentó culpar directamente a Eva por su pecado y culpar indirectamente a Dios. Eva siguió la dirección de su marido cuando ella respondió a la pregunta de convicción de Dios, diciendo, *"La serpiente me engañó, y comí."* (Génesis 3:13).

❤ *¿Nos comprometemos a que no daremos excusas ni echaremos la culpa cuando hacemos mal?*

Trata con la Semilla

Aunque Adán y Eva intentaron excusarse a sí mismos de su culpabilidad, Dios trató con ellos directamente sobre su pecado verdadero. Como Dios presentó el castigo por sus pecados, eliminó sus excusas. Específicamente para Adán, Dios usó su excusa contra él en su sentencia cuando dijo, *"Por cuanto obedeciste a la voz de tu mujer, y comiste del árbol de que te mandé diciendo: No comerás de él; ..."* (Génesis 3:17). Dios fue muy claro acerca de su responsabilidad personal por su pecado, y castigó a cada uno individualmente y específicamente. Dios no es engañado por excusas ni por el fruto del pecado. Él desea llegar a la semilla del pecado para que no se vuelva como una testaruda maleza. Proverbios 13:10 dice: *"Ciertamente la soberbia concebirá contienda; Mas con los avisados está la sabiduría."* La semilla del conflicto siempre es el orgullo (enfoque en sí). Éste podrá revelarse en diferentes formas por diferentes personas mientras echa raíces y crece, pero siempre produce conflictos al final. Para Adán y Eva, el orgullo de confiar en su conocimiento y seguir sus deseos desarrolló raíces y creció mientras rechazaron que específicamente eran comandados por Dios y pecaron. Pero *"Riquezas, honra y vida son la remuneración de la humildad y del temor de Jehová."* (Proverbios 22:4).

Santiago 1:12-15 comparte el proceso del pecado diciendo: *"Bienaventurado el varón que soporta la tentación; porque cuando haya resistido la prueba, recibirá la corona de vida, que Dios ha prometido a los que le aman. Cuando alguno es tentado, no diga que es tentado de parte de Dios; porque Dios no puede ser tentado por el mal, ni él tienta a nadie; sino que cada uno es tentado, cuando de su propia concupiscencia es atraído y seducido. Entonces la concupiscencia, después que ha concebido, da a luz el pecado; y el pecado, siendo consumado, da a luz la muerte."* Cuando la semilla del orgullo echa raíces y produce el pecado, cada individuo debe seguir la confesión de David en Salmo 51:6-12 cuando dijo: *"He aquí, tú amas la verdad en lo íntimo, Y en lo secreto me has hecho comprender sabiduría. Purifícame con hisopo, y seré limpio; Lávame, y seré más blanco que la nieve. Hazme oír gozo y alegría, Y se recrearán los huesos que has abatido. Esconde tu rostro de mis pecados, Y borra todas mis maldades. Crea en mí, oh Dios, un corazón limpio, Y renueva un espíritu recto dentro de mí. No me eches de delante de ti, Y no quites de mí tu santo Espíritu. Vuélveme el gozo de tu salvación, Y espíritu noble me sustente."* Si un esposo y una esposa sinceramente y completamente no tratan con la semilla del orgullo y las raíces que produce, sus conflictos personales no serán limpiados en su *"corazón"* y estarán constantemente encontrando que está regresando el mismo pecado y en sus conflictos.

❤ *¿Nos comprometemos a tomar el tiempo y esfuerzo para confrontar la semilla de nuestro conflicto, para que el fruto del pecado no regrese continuamente?*

Perdona Definitivamente

Durante la proclamación de Dios del castigo de Satanás, Él presentó Su plan a largo plazo para Adán y Eva por la limpieza de su pecado cuando dijo: *"Y pondré enemistad entre ti y la mujer, y entre tu simiente y la simiente suya; ésta te herirá en la cabeza, y tú le herirás en el calcañar."* (Génesis 3:15). Afortunadamente, por medio de Jesucristo, todos los pecados del hombre han sido pagados (I Juan 2:1-2). Dios también expresó su atención a la necesidad inmediata de Adán y Eva y trató con su pecado presente y su vergüenza. Dios no permitió que el tiempo pasara, pues trató inmediatamente la situación (Efesios 4:26-27). Él hizo amorosamente *"hizo al hombre y a su mujer túnicas de pieles, y los vistió."* (Génesis 3:21). Dios sacrificó a uno de Sus recién creados animales puros para mostrar amorosamente Su perdón y su continua atención a sus necesidades.

El perdón verdadero entre un esposo y una esposa seguirá el ejemplo de Dios. Efesios 4:31-32 manda, *"Quítense de vosotros toda amargura, enojo, ira, gritería y maledicencia, y toda malicia. Antes sed benignos unos con otros, misericordiosos, perdonándoos unos a otros, como Dios también os perdonó a vosotros en Cristo.*" Salmo 103:12 explica la extensión del perdón de Dios diciendo: *"Cuanto está lejos el oriente del occidente, Hizo alejar de nosotros nuestras rebeliones."* (Proverbios 10:12). Mientras I Juan 1:9 presenta el plan de Dios para el arrepentimiento y el perdón, promete, *"Si confesamos nuestros pecados, él es fiel y justo para perdonar nuestros pecados, y limpiarnos de toda maldad."* En un Pacto Matrimonial, el marido y la mujer deben comprometerse a seguir el mismo formato. Primero, tienen que dejar su orgullo para pedir perdón, y cuando se pidan perdón, deben ser fieles y justo en su provisión del perdón. Deben mostrar amor verdadero por perdonarse mutuamente y continuar una relación unidos.

Sólo cuando el *"amor"* siga la definición bíblica en I Corintios 13:4-8 puede el perdón verdadero ser dado. Porque *"el amor es sufrido, es benigno; el amor no tiene envidia, el amor no es jactancioso, no se envanece; no hace nada indebido, no busca lo suyo, no se irrita, no guarda rencor; no se goza de la injusticia, mas se goza de la verdad. Todo lo sufre, todo lo cree, todo lo espera, todo lo soporta. El amor nunca deja de ser; pero las profecías se acabarán, y cesarán las lenguas, y la ciencia acabará."* (I Corintios 13:4-8). El amor de Dios ha hecho un camino a través de la sangre de Jesucristo para cubrir o perdonar cada pecado cometido por la humanidad cuando por la fe aceptamos su obra en la Cruz. Este mismo tipo de amor se expresará en el Pacto Matrimonial. A veces el perdón puede llegar por un precio grande debido al gran dolor causado. Sin embargo, nuestro ejemplo de amor es Dios, y dice *"Y ante todo, tened entre vosotros ferviente amor; porque el amor cubrirá multitud de pecados."* (I Pedro 4:8).

❤ *¿Nos comprometemos a perdonar totalmente cuando nosotros hemos sido agraviados?*

Determina la Restauración

Adán y Eva enfrentaron el castigo de Dios (Génesis 3:16-19) y el fruto de su pecado (Génesis 3:22-24) cuando ellos continuaron el resto de su vida juntos, y es que estaban dedicados a estar juntos. Génesis 3:20 revela el compromiso de Adán a Eva en su relación de una sola carne en que *"llamó Adán el nombre de su mujer, Eva, por cuanto ella era madre de todos los vivientes."* Aún que Eva no había tenido un hijo, Dios había profetizado ya un Salvador a través de Eva dando a luz al hijo. Adán, el líder espiritual de la pareja, decidió expresar su fe en el nuevo plan de Dios por cambiar el nombre de la mujer a Eva. Sin embargo, Adán y Eva todavía tendrían que vivir juntos según su Pacto Matrimonial para que esta profecía fuera cumplida. No fue suficiente que cado uno estuviera bien con Dios, tenían que estar bien el uno con el otro y unidos el uno con el otro. Génesis 4:1-2 revela que Adán y Eva estaban continuamente juntos ya que informa, *"Conoció Adán a su mujer Eva, la cual concibió y dio a luz a Caín, y dijo: Por voluntad de Jehová he adquirido varón. Después dio a luz a su hermano Abel. Y Abel fue pastor de ovejas, y Caín fue labrador de la tierra."* Adán y Eva enfrentaron momentos difíciles por causa del pecado, pero después de la corrección de Dios, ellos regresaron a su relación matrimonial y ya no guardaron la culpa por su situación el uno con el otro. En la unidad enfrentaron las consecuencias (frutos) de su pecado, mientras se enfocaron en Dios y Su promesa desde ese día en adelante.

Cuando un esposo y una esposa han sufrido conflictos conyugales y han trabajado juntos para encontrar el problema de semillas y raíces que han desarrollado, es que han expresado arrepentimiento adecuado, y se han perdonado entre sí entonces deben volver a su relación amorosa y ser dedicados como si nunca hubiera existido el conflicto. Apocalipsis 2:2-5 presenta el consejo de Dios para todos aquellos que han dejado su *"primer amor."* El contexto es directamente relacionado con una iglesia y Jesucristo, pero da principios que pueden utilizarse en el matrimonio. Versos 2 y 3 alaban su dedicación a la relación. Dice, *"Yo conozco tus obras, y tu arduo trabajo y paciencia; y que no puedes soportar a los malos, y has probado a los que se dicen ser apóstoles, y no lo son, y los has hallado mentirosos; y has sufrido, y has tenido paciencia, y has trabajado arduamente por amor de mi nombre, y no has desmayado."* Podría decirse que el marido estaba cumpliendo su trabajo de sacar la basura, reparar el coche, etc. y que la mujer cumplía con la cocina, limpieza, etc. Verso 4 muestra una triste verdad acerca de la relación. Dice, *"Pero tengo contra ti, que has dejado tu primer amor."* Aunque todas las prácticas hacia el exterior eran correctas, no lo era de corazón hacia adentro. Dentro del matrimonio, un esposo y una esposa puede vivir en la misma casa y compartir las mismas pertenencias y todavía ser uno muy frío hacia el otro. Dios no quiso este tipo de relación para la novia de Cristo (la iglesia), y Él no lo quiere para los novios en el Pacto Matrimonial. Por esta razón nos tiene una solución en el versículo 5, que dice: *"Recuerda, por tanto, de dónde has caído, y arrepiéntete, y haz las primeras obras ..."* Un esposo y una esposa que encuentran un conflicto matrimonial en primer lugar deben recordar su relación antes del conflicto. Tienen que recordar su Pacto uno al otro. En segundo lugar, deben arrepentirse de como han pecado y vivido fuera del amor bíblico. En tercer lugar, deben volver a vivir amorosamente entre sí y disfrutar la compañía el uno con el otro.

❤ *¿Nos comprometemos a trabajar juntos para restaurar nuestro amor el uno por el otro y nuestra relación después de cualquier controversia?*

¿Qué pasa cuando ...?

La pregunta triste, "¿Qué pasa cuando uno de los esposos no desea ser justo?" Esta situación puede encontrarse en cualquier número de niveles. Hay momentos cuando la resistencia dura unas pocas horas, y otros años. Sin embargo, con Dios, el tiempo de la resistencia no importa. Su solución se encuentra en I Pedro 3:1-7. I Pedro 3:1 dice, "*... que también los que no creen a la palabra, sean ganados sin palabra por la conducta ...*" Específicamente, Pedro está hablando a la esposa en este versículo, pero el principio es universal. Un esposo o una esposa cuyo cónyuge conscientemente está viviendo contrario a la Palabra de Dios no debe atacar, acosar, ni que tájarse de éste. Tienen que enfocarse en ser sistemáticamente piadosos en su vida personal y obedientes a los deberes dados por Dios y a las responsabilidades de los cónyuges mientras confían en Él. Esto es para producir la convicción y el cambio que desea en Su forma y tiempo. Específicamente, ordenó a la esposa *"Asimismo vosotras, mujeres, estad sujetas a vuestros maridos; para que también los que no creen a la palabra, sean ganados sin palabra por la conducta de sus esposas, considerando vuestra conducta casta y respetuosa. Vuestro atavío no sea el externo de peinados ostentosos, de adornos de oro o de vestidos lujosos, sino el interno, el del corazón, en el incorruptible ornato de un espíritu afable y apacible, que es de grande estima delante de Dios. Porque así también se ataviaban en otro tiempo aquellas santas mujeres que esperaban en Dios, estando sujetas a sus maridos; como Sara obedecía a Abraham, llamándole señor; de la cual vosotras habéis venido a ser hijas, si hacéis el bien, sin temer ninguna amenaza."* (I Pedro 3:1-6)

Una esposa piadosa vivirá en sujeción y honrando a su marido como Sara cuando obedecía a Abraham (Génesis 17:15-25:10). Ella permanecerá centrada en una vida que es interiormente bella y se muestra con un espíritu de mansedumbre y tranquilidad hacia el exterior. A medida que pasa el tiempo, ella no se desalentará o decepcionará porque no temió a su marido o lo desobedeció, pero más bien dependió en Dios para su protección y provisión. Para el marido, la instrucción de Dios es, *"Vosotros, maridos, igualmente, vivid con ellas sabiamente, dando honor a la mujer como a vaso más frágil, y como a coherederas de la gracia de la vida, para que vuestras oraciones no tengan estorbo."* (I Pedro 3:7) Aunque el marido no puede obligar a su esposa a someterse a la autoridad de Dios, sino que la ama con toda su vida. Es para tratarla honorablemente, como un regalo precioso de Dios (Proverbios 18:22), y él debe recordar que son espiritualmente iguales delante de Dios. Al hacerlo, aparecerá una imagen diaria del amor de Cristo a su esposa que el Espíritu Santo puede utilizar para a traerla a sí mismo.

❧Las Preguntas para Edificar la Relación❧
Artículo VIII

1. ¿Cuáles son los tres resultados del pecado?
   a. _____
   b. _____
   c. _____

2. ¿Cuáles son algunas excusas que pueden utilizarse en un conflicto de matrimonio?
   a. _____
   b. _____
   c. _____
   d. _____

3. ¿Cuál podría ser la semilla/raíz de los conflictos siguientes?
   a. Mal uso del dinero - _____
   b. _____
   c. _____
   d. _____

4. ¿Cuáles son algunas formas de mostrar que el perdón se ha dado?
   a. _____
   b. _____
   c. _____
   d. _____

5. ¿Cuáles son algunas maneras en que un esposo y una esposa pueden volver a una relación de amor después de un conflicto?
   a. _____
   b. _____
   c. _____
   d. _____

6. ¿Cómo debe responder un cónyuge si su esposo o esposa no quiere restaurarse o hacer el bien? _____

Reavivando la Llama
Apocalipsis 2:2-5

❤ El amor no se encuentra solo en las acciones (2-4)
*I Corintios 13:1-3
 ✎ Las buenas obras no garantizan el amor verdadero
 ✎ La separación de las otras personas, no garantiza el amor verdadero
 ✎ La paciencia en las pruebas no garantiza el amor verdadero

❤ El amor es fundado en una decisión (actitud) (4)
*I Corintios 13:4-8
*I Juan 3:14-18
*El amor es el auto-sacrificio para el beneficio de la persona amada - Juan 3:16, Romanos 5:8
 ✎ El marido tiene que aprender a amar - Efesios 5:25-28
 ✎ La mujer tiene que aprender a amar - Tito 2:3-5

❤ El amor puede ser restaurada cuando se haya perdido (5)
*Proverbios 6:1-3
 ✎ Usted debe recordar sus actitudes dedicadas del pasado
 ✎ Usted debe arrepentirse de sus actitudes distraídas del presente
 ✎ Usted debe volver a sus actitudes dedicadas y sus aplicaciones en el futuro

11 Inversiones para el Amor que Dura Toda la Vida
Del Libro de Cantares

Cantares 8:6-7
Ponme como un sello sobre tu corazón ...
Porque fuerte es como la muerte el amor ...
Las muchas aguas no podrán apagar el amor,
Ni lo ahogarán los ríos.
Si diese el hombre
todos los bienes de su casa por este amor,
De cierto lo menospreciarían.

- ✎ Saludar su cónyuge con un beso y considerar los besos de su cónyuge como un dulce (1:2, 4:11, 7:9)
- ✎ Recordar la alegría de estar con su cónyuge en el pasado y anticipar ansiosamente su próximo encuentro (1:4)
- ✎ Compartir tu agenda y planes con su cónyuge (1:7)
- ✎ Apreciar y alabar la apariencia de su cónyuge y la fragancia (en privado y en público) (1:9-17, 4:1-9, 5:9-16, 6:4-10, 7:1-9)
- ✎ Abrazar regularmente y tiernamente su cónyuge (2: 6, 8:3)
- ✎ Permitir que su cónyuge obtenga buen descanso (2:7, 3, 5, 8:4)
- ✎ Conocer y disfrutar la voz de su cónyuge y espera con ganas de conversar uno con el otro (2:8)
- ✎ Busque oportunidades para salirse con su cónyuge (2:9-15)
- ✎ Buscar diligentemente y corregir rápidamente cualquier malentendido o diferencias que causan la separación de su cónyuge (3:1-2, 5:1-8)
- ✎ Desfrutar todos los aspectos de la sensualidad y las relaciones sexuales con su cónyuge y hacerles saber lo mucho que te plazca (1:13b, 3:4, 4:9-16, 5:1, 6:11-13, 7:1-13, 8:1-3)

✎ Afirmar constantemente su relación exclusiva con su cónyuge (en privado y en público) y asegurarle que nadie más se compara (2:1-3, 16, 5:9-16, 6:3, 7:10, 8:10b)

Capitulo 9

Artículo IX
La Expansión del Pacto Matrimonial
Génesis 1:28, 4:1-2

Dios, inmediatamente después de la creación de Adán y Eva *"los bendijo Dios, y les dijo: Fructificad y multiplicaos; llenad la tierra, y sojuzgadla, ..."* (Génesis 1:28). El diseño de Dios para la humanidad al reproducir las siguientes generaciones está conectado directamente con el Pacto Matrimonial. Su plan perfecto es que las familias crecerían de la relación entre esposo y esposa y que sus hijos seguirían el ejemplo de sus padres de criar familias para que la tierra entera fuera abundante de vida humana. El diseño de Dios requiere la unidad entre el esposo y esposa: una unidad para tener hijos, y una unidad para criarlos. Ambos deben ser unificados en su dependencia de Dios y su dedicación a Él diciendo, *"Pero yo y mi casa serviremos a Jehová"* (Josué 24:15).

Unidad que Produce Niños

Adán y Eva experimentaron la unidad física a través de la relación de *"una sola carne"* que está fomentada y bendecida por Dios (Génesis 2:23-25, Hebreos 13:4). Mientras ellos disfrutaron esta intimidad, la Biblia dice, *"Conoció Adán a su mujer Eva, la cual concibió y dio a luz a Caín, y dijo: Por voluntad de Jehová he adquirido varón. Después dio a luz a su hermano Abel. Y Abel fue pastor de ovejas, y Caín fue labrador de la tierra."* (Génesis 4:1-2). La bendición extendida del compromiso y disfrute del Pacto Matrimonial por un esposo y una esposa es la producción de una representación física de su unión junto a través de una nueva vida que resulta en un hijo pequeño. ¡Que maravilloso es el diseño que Dios nos proveyó! Él había prometido hijos a Adán y Eva cuando le dijo a ésta, *"Multiplicaré en gran manera los dolores en tus preñeces; con dolor darás a luz los hijos;"* (Génesis 3:16). *"Y llamó Adán el nombre de su mujer, Eva, por cuanto ella era madre de todos los vivientes."* (Génesis 3:20). Cada pareja cristiana no tiene la misma promesa, pero puede confiar en el mismo diseño. Cuando ellos estén unificados en su relación y esperen la voluntad específica y el amor de Dios para su vida, pueden confiar en que les proveerá los hijos exactos que Él sabe son los mejores para ambos. Ellos deben decir como Adán y Eva, *"Por voluntad de Jehová he adquirido varón [bebe]"* (Génesis 4:1). Salmos 127:3 dice, *"He aquí, herencia de Jehová son los hijos; cosa de estima el fruto del vientre."* Por lo tanto, un esposo y una esposa deben estar agradecidos a Dios por cada hijo que Él les provee, y ser prudentes con sus habilidades y esfuerzos en el crecimiento de cada uno de ellos conforme a la Palabra de Dios.

Génesis 4:2 revela un principio importante que debe ser reconocido por cada pareja cristiana. *"... Y Abel fue pastor de ovejas, y Caín fue labrador de la tierra."* Aunque Dios ha establecido un programa universal para producir hijos, Él nunca renuncia a Su control creativo en los padres. Aunque Abel y Caín procedían de los mismos padres, fueron dos personas muy diferentes y desempeñaron deberes muy distintos a lo largo de la vida. Cuando una pareja cristiana busca la provisión y tiempo de Dios para tener hijos, debe reconocer el proceso creativo personal y particular que Él está logrando en el vientre por formar un bebé específico que ellos van a disfrutar. El Salmista lo dijo en esta forma, *"Porque tú formaste mis entrañas; Tú me hiciste en el vientre de mi madre. Te alabaré; porque formidables, maravillosas son tus obras; Estoy maravillado, Y mi alma lo sabe muy bien. No fue encubierto de ti mi cuerpo, Bien que en oculto fui formado, Y entretejido en lo más profundo de la tierra. Mi embrión vieron tus ojos, Y en tu libro estaban escritas todas aquellas cosas Que fueron luego formadas, Sin faltar una de ellas."* (Salmo 139:13-16).

Dios es un Creador muy específico, y tiene un plan muy concreto para cada niño que Él crea (Génesis 25:20-27). Una pareja cristiana debe depender en Él para el color de cabello y ojos de su bebé. Igualmente debería depender en Él para la salud y habilidades de su bebé (Éxodo 4:11). Y si Dios decide amorosamente que su hijo tenga dificultades que alterarán su vida, debe recordar la respuesta amorosa de Jesús a sus discípulos cuando preguntaron, *"... Rabí, ¿quién pecó, éste o sus padres, para que haya nacido ciego? Respondió Jesús: No es que pecó éste, ni sus padres, sino para que las obras de Dios se manifiesten en él."* (Juan 9:2-3). Cada niño es creado específicamente para traer gloria a su Creador.

Si Dios, en Su perfecta voluntad amante, decide que la pareja debe enfrentar un embarazo difícil, aborto espontáneo, o la imposibilidad de tener hijos, por la fe debe confiar en Dios para trabajar perfectamente para su bendición. Debe recordar el ejemplo de Abraham y Sara y darse cuenta de que Dios tiene un plan muy especial para su familia, el que podría mostrar Su poder y gloria si no intentan tomar los asuntos en sus propias manos (Génesis 16:1-17:19). Durante este tiempo difícil, deben consolar se mutuamente como David hizo cuando consoló a Betsabé después de la muerte de su hijo (II Samuel 12:24). Deben depender en el *"... Padre de misericordias y Dios de toda consolación, el cual nos consuela en todas nuestras tribulaciones, para que podamos también nosotros consolar a los que están en cualquier tribulación, por medio de la consolación con que nosotros somos consolados por Dios."* (II Corintios 1:3-4).

Independientemente de las circunstancias que rodean un embarazo y el nacimiento de un hijo, una pareja joven cristiana debe seguir el ejemplo de los padres de Moisés cuando intentaron protegerlo *"por la fe."* Pero cuando las circunstancias estuvieron fuera del control humano, por *"la fe"* confiaban en Dios para hacer lo mejor para su hijo (Éxodo 2:1-10, Hebreos 11:23). La bendición que recibieron fue más grande que la imaginación humana. Moisés fue devuelto a ellos para criarlo como un bebé y niño pequeño, y luego vivió en el palacio del rey, donde Dios continuó moldeándolo para convertirse en un gran líder del pueblo escogido por Dios. La fe de los padres de Moisés en los tiempos tan difíciles de su crianza, produjo una oportunidad para que la sabiduría, poder, y protección de Dios se mostrara al mundo a lo largo de todos los tiempos. Como padres, es justo proteger y proveer para su hijo adecuadamente, pero cuando haya peligros del salud, accidentes, etc., fuera del control humano, cada padre debe colocar a su hijo en las manos del Creador que son todo amor, todo poder y toda sabiduría.

Cuando una pareja cristiana desea tener hijos, debe seguir el ejemplo de Ana de como ella *"... oró a Jehová ... E hizo voto, diciendo: Jehová de los ejércitos, si te dignares mirar a la aflicción de tu sierva, y te acordares de mí, y no te olvidares de tu sierva, sino que dieres a tu sierva un hijo varón, yo lo dedicaré a Jehová todos los días de su vida ..."* (I Samuel 1:10-11). Ana reconoció que Dios era la fuente de toda la vida, y prometió que le devolvería su hijo a Él. Ella aceptó en realidad que cada alma le pertenece a Dios, y cada niño simplemente es cedido a sus padres por Él para que puedan entrenarlo y glorificar a Dios con su vida.

❤ *¿Nosotros estamos comprometidos a depender en el diseño de Dios para tener hijos?*

❤ *¿Nos comprometemos en depender del amante de todos y sabio Creador Dios para criar los niños exactos para que podamos disfrutarlos y entrenarlos para Su gloria?*

❤ *¿Nos comprometemos unidos a depender en Dios a través de las dificultades que podamos enfrentar en el embarazo y la crianza de nuestros hijos?*

❤ *¿Nos comprometemos en devolver nuestros hijos a Dios, reconociendo que su propósito principal es obedecerlo y glorificarlo con toda su vida?*

Unidad en la Crianza de los Niños

La Biblia no revela ningún relato específico de cómo Adán y Eva habían criado a sus hijos. Pero por las acciones de Caín y Abel de sacrificar a Dios, es evidente que Adán y Eva le habían pasado sus conocimientos del Dios Creador a sus hijos. El programa de Dios para que cada nueva generación aprenda sobre Él a través de sus padres se presenta a lo largo de las Escrituras, tanto por la enseñanza específica y por varios ejemplos. El rey Salomón dijo: "El fin de todo el discurso oído es este: Teme a Dios, y guarda sus mandamientos; porque esto es el todo del hombre. Porque Dios traerá toda obra a juicio, juntamente con toda cosa encubierta, sea buena o sea mala." (Eclesiastés 12:13-14). Él proveyó a su hijo el libro entero de proverbios espirituales para animarlo a *"Teme a Dios, y guarda sus mandamientos."* Dios es muy específico en su mandato que se encuentra en Deuteronomio 6:5-13 que dice, *"Y amarás a Jehová tu Dios de todo tu corazón, y de toda tu alma, y con todas tus fuerzas. Y estas palabras que yo te mando hoy, estarán sobre tu corazón; y las repetirás a tus hijos, y hablarás de ellas estando en tu casa, y andando por el camino, y al acostarte, y cuando te levantes. Y las atarás como una señal en tu mano, y estarán como frontales entre tus ojos; y las escribirás en los postes de tu casa, y en tus puertas ... A Jehová tu Dios temerás, y a él solo servirás, y por su nombre jurarás."* Los padres son responsables de *"Instruye al niño en su camino, ..."* (Proverbios 22:6). Este entrenamiento debe ser diario e involucra todos los ámbitos de la vida. Una de las mejores descripciones de la responsabilidad de los padres se puede encontrar en "discipulado" El mejor ejemplo del discipulado se encuentra en Jesucristo que vivió con sus discípulos por tres años. Participó en sus vidas, y ellos en la Suya, pero Él nunca descuidó Su liderazgo. Él siempre proveyó las tres necesidades esenciales: enseñanza, corrección y provisión. Los padres cristianos deben hacer lo mismo y dedicar sus vidas a discipular la próxima generación que está creciendo en su propia casa.

❤ *¿Nos comprometemos en discipular a nuestros hijos diariamente basado en la enseñanza de las Escrituras?*

Unidad en la Enseñanza

Jesucristo constantemente instruyó a sus discípulos. A veces su instrucción llegó como predicación, en otras como parábolas, algunas veces como reprimendas, y a veces como declaraciones simples sobre Dios y Sus caminos mientras vivía a través de eventos diarios. La crianza debe reflejar este mismo método de enseñanza. Timoteo es un ejemplo de un niño que no creció en un hogar "perfecto," pero tuvo el privilegio de tener una madre y abuela quienes le enseñaron la Palabra de Dios desde su juventud (II Timoteo 1:4). Pablo le recuerda este privilegio y la responsabilidad cuando le dijo, *"Pero persiste tú en lo que has aprendido y te persuadiste, sabiendo de quién has aprendido; y que desde la niñez has sabido las Sagradas Escrituras, las cuales te pueden hacer sabio para la salvación por la fe que es en Cristo Jesús."* (II Timoteo 3:14-15). Luego continuó con los fundamentos de producir hijos piadosos cuando dijo *"Toda la Escritura es inspirada por Dios, y útil para enseñar, para redargüir, para corregir, para instruir en justicia, a fin de que el hombre de Dios sea perfecto, enteramente preparado para toda buena obra."* (II Timoteo 3:16-17).

Padres cristianos que desean tener hijos piadosos deben estar dedicados a la palabra de Dios. Siempre deben exaltar la viabilidad y porque la autoridad de la Biblia por enseñarla específicamente, regularmente explicando y aplicandola a situaciones de la vida verdadera y la viven constantemente. Un padre cristiano debe unirse con su esposa (ayuda idónea) para *"... sino criadlos [los hijos] en disciplina y amonestación del Señor."* (Efesios 6:4). Los padres cristianos deben asumir su responsabilidad de enseñar a sus hijos la doctrina adecuada, así de mostrarles cómo aplicarla a su vida diaria. En Tito 2, Pablo le dios instrucciones a Tito sobre la doctrina *"sana"* que iba a enseñar. En los versículos 3 a 8 le dijo específicamente que la generación anterior debe enseñar a las generaciones siguientes cuando dijo, *"Las ancianas asimismo ... que enseñen a las mujeres jóvenes a amar a sus maridos y a sus hijos, a ser prudentes, castas, cuidadosas de su casa, buenas, sujetas a sus maridos, para que la palabra de Dios no sea blasfemada. Exhorta asimismo a los jóvenes a que sean prudentes; presentándote tú en todo como ejemplo de buenas obras; en la enseñanza mostrando integridad, seriedad, palabra sana e irreprochable, de modo que el adversario se avergüence, y no tenga nada malo que decir de vosotros."* Estos versículos presentan el estándar de Dios para la próxima generación. Esta norma se debe enseñar en el hogar, y ser reafirmada y mejorada por el Ministerio de la iglesia local.

❤ *¿Nos comprometemos en enseñar diariamente la palabra de Dios a través de la palabra hablada y buen ejemplo a nuestros hijos?*

❤ *¿Nos comprometemos en enseñar a nuestros hijos no sólo las verdades de la Escritura, sino también la aplicación práctica de esas verdades?*

Unidad en la Corrección

En ocasiones numerosas, Jesucristo necesitaba enfrentar y corregir las acciones o palabras de sus discípulos. Una vez dijo enfáticamente a Pedro, *"¡Quítate de delante de mí, Satanás!; me eres tropiezo, porque no pones la mira en las cosas de Dios, sino en las de los hombres"* (Mateo 16:23). Esta confrontación por Jesucristo directa a las declaraciones de Pedro podría ser percibida por algunos como drástica, pero Jesús siempre corrige perfectamente igual a la delincuencia. Los padres enfrentan la misma dificultad en la disciplina de sus hijos. El mundo dice que la disciplina bíblica es dura y drástica, pero la Biblia es muy clara en que, *"La vara y la corrección dan sabiduría; Mas el muchacho consentido avergonzará a su madre"* (Proverbios 29:15). La corrección adecuada o la disciplina de un niño es de suma importancia. Proverbios 22:15 dice, *"La necedad está ligada en el corazón del muchacho; Mas la vara de la corrección la alejará de él."* Y Proverbios 23:13-14 agrega, *"No rehúses corregir al muchacho; Porque si lo castigas con vara, no morirá. Lo castigarás con vara, Y librarás su alma del Seol."*

El objetivo más importante para un padre cristiano debe ser que su hijo reciba la salvación eterna de Dios. Él dice que un paso importante en la realización de este objetivo es mediante la disciplina adecuada. Cuando los padres disciplinan a su hijo, no sólo están abordando las malas acciones específicas en ese momento, sino también inculcarían en el corazón de sus hijos la diferencia entre el bien y el mal, y que siempre hay un castigo por hacer lo malo. Sin esta comprensión, un niño crecerá sin respetar la santidad de Dios ni de una realización de su necesidad para el perdón de Dios. Proverbios 13:24 es muy específico, *"El que detiene el castigo, a su hijo aborrece; Mas el que lo ama, desde temprano lo corrige."* Cuando los padres corrigen correctamente a sus hijos, mostrarán el amor de Dios para ellos (Proverbios 3:11-12). Hebreos 12:5-8 dice: *"... Hijo mío, no menosprecies la disciplina del Señor, Ni desmayes cuando eres reprendido por él; Porque el Señor al que ama, disciplina, Y azota a todo el que recibe por hijo. Si soportáis la disciplina, Dios os trata como a hijos; porque ¿qué hijo es aquel a quien el padre no disciplina? Pero si se os deja sin disciplina, de la cual todos han sido participantes, entonces sois bastardos, y no hijos."* Dios, en su infinita sabiduría sin fin, específicamente y constantemente disciplina a sus hijos desobedientes *"pero éste para lo que nos [los] es provechoso, para que participemos [ellos] de su santidad."* (Hebreos 12:10).

Hebreos 12:11-13 reconoce que, *"Es verdad que ninguna disciplina al presente parece ser causa de gozo, sino de tristeza; pero después da fruto apacible de justicia a los que en ella han sido ejercitados. Por lo cual, levantad las manos caídas y las rodillas paralizadas; y haced sendas derechas para vuestros pies, para que lo cojo no se salga del camino, sino que sea sanado."* Padres cristianos que deseen representar a Dios Padre siempre estarán disciplinando el pecado de sus hijos, reconociendo que el beneficio de la tristeza presente, a corto plazo es obediencia en el futuro a largo plazo. Ellos rápidamente restaurarán a sus hijos a una relación correcta y alegre después de la disciplina por las palabras cariñosas y un abraso tierno para que no haya desánimo al echar raíces que se convierte en amargura.

❤ *¿Nos comprometemos bíblicamente en disciplinar a nuestros hijos para que tengan un verdadero entendimiento del bien y el mal?*

❤ *¿Nos comprometemos en representar siempre a Dios el Padre a nuestros hijos a través de la forma y el propósito de nuestra disciplina?*

❤ *¿Nos comprometemos en mostrar siempre la restauración y el perdón adecuado para que nuestros hijos estén seguros de nuestro amor por ellos?*

Unidad en la Provisión

Jesucristo proveyó constantemente para las necesidades y la seguridad de sus discípulos. Cuando tenían hambre, les alimentó. Cuando necesitaron dinero para pagar impuestos, proveyó para ellos. Y cuando se encontraron en una tormenta, él les protegió. Crianza cristiana debe esforzarse por dar el mismo nivel de provisión, pero ésta debe ser entendida bíblicamente. Provisión no es el suministro de cada deseo, sino más bien el suministro de las necesidades. Pablo lo dijo simplemente en I Timoteo 6:7-8 cuando dijo: *"porque nada hemos traído a este mundo, y sin duda nada podremos sacar. Así que, teniendo sustento y abrigo, estemos contentos con esto."*

Los padres no deben estar preocupados por dar siempre lo más reciente y mejor para sus hijos, pero deben recordar que, *"porque si alguno no provee para los suyos, y mayormente para los de su casa, ha negado la fe, y es peor que un incrédulo."* (I Timoteo 5:8). En definitiva, los padres deben trabajar juntos para proveer lo mejor de sus capacidades, para satisfacer las necesidades de sus hijos. Luego deben depender de Dios tomando atención a las palabras de Jesús, cuando dijo, *"Por tanto os digo: No os afanéis por vuestra vida, qué habéis de comer o qué habéis de beber; ni por vuestro cuerpo, qué habéis de vestir. ¿No es la vida más que el alimento, y el cuerpo más que el vestido? Mirad las aves del cielo, que no siembran, ni siegan, ni recogen en graneros; y vuestro Padre celestial las alimenta. ¿No valéis vosotros mucho más que ellas? ¿Y quién de vosotros podrá, por mucho que se afane, añadir a su estatura un codo? Y por el vestido, ¿por qué os afanáis? Considerad los lirios del campo, cómo crecen: no trabajan ni hilan; pero os digo, que ni aun Salomón con toda su gloria se vistió así como uno de ellos. Y si la hierba del campo que hoy es, y mañana se echa en el horno, Dios la viste así, ¿no hará mucho más a vosotros, hombres de poca fe? No os afanéis, pues, diciendo: ¿Qué comeremos, o qué beberemos, o qué vestiremos? Porque los gentiles buscan todas estas cosas; pero vuestro Padre celestial sabe que tenéis necesidad de todas estas cosas. Mas buscad primeramente el reino de Dios y su justicia, y todas estas cosas os serán añadidas."* (Mateo 6:25-33).

❤ *¿Nos comprometemos en proporcionar lo que necesitan nuestra hijos para mostrar nuestro amor a ellos y no necesariamente lo que quieren?*

❤ *¿Nos comprometemos en confiar a Dios por Su provisión de nuestras necesidades y mostrar esta confianza a nuestros hijos mientras suministramos las de ellos?*

❧Las Preguntas para Edificar la Relación❧
Artículo IX

1. ¿Cuántos hijos desean tener?
   El esposo _____ La esposa _____

2. ¿Cómo podemos mostrar nuestra dependencia en Dios para nuestros hijos?
   a. _____
   b. _____
   c. _____

3. ¿Cómo podemos mostrar nuestra voluntad en devolver nuestros hijos a Dios?
   a. _____
   b. _____
   c. _____

4. ¿Cuáles son algunas maneras en que mostraríamos que no estamos unificados en nuestra crianza?
   a. _____
   b. _____
   c. _____
   ¿Quién es el líder en la crianza de los hijos (Efesios 6:4, Colosenses 3:21)? _____

5. ¿Cómo podemos prepararnos para criar a los hijos piadosos?
   a. _____
   b. _____
   c. _____

6. ¿Cuáles son algunas cualidades de carácter cristiano importante que debemos enseñar a nuestros hijos.
   Prevea un pasaje y un pequeño ejemplo de cada una.
   a. _____
   b. _____
   c. _____
   d. _____

7. ¿Cuáles son algunas maneras prácticas que podemos enseñar le a nuestros hijos de la Palabra de Dios?
   a. _____
   b. _____
   c. _____

8. ¿Cuáles son las tres responsabilidades que tenemos mientras disciplinamos a nuestros hijos?
   a. _____
   b. _____
   c. _____

9. ¿Cuál es la forma más común de disciplina parental presentado a través de las Escrituras? _____

10. ¿Qué dice la Biblia los padres hacen cuando disciplinan correctamente a sus hijos? _____

11. Los padres cristianos representan la autoridad y amor de: ¿Quién cuando disciplinan a sus hijos? _____

12. ¿Cuáles son las necesidades básicas que debemos preveer para nuestros hijos?
   a. _____
   b. _____
   c. _____

Consejo Paternal de Rey Salomón
"Hijo Mio"
A Través de Proverbios

Proverbios 1:8-9
8 Oye, **hijo mío**, la instrucción de tu padre,
Y no desprecies la dirección de tu madre;
9 Porque adorno de gracia serán a tu cabeza,
Y collares a tu cuello.

Proverbios 1:10
10 **Hijo mío**, si los pecadores te quisieren engañar,
No consientas.

Proverbios 1:15-16
15 **Hijo mío**, no andes en camino con ellos.
Aparta tu pie de sus veredas,
16 Porque sus pies corren hacia el mal,
Y van presurosos a derramar sangre.

Proverbios 2:1-5
1 **Hijo mío**, si recibieres mis palabras,
Y mis mandamientos guardares dentro de ti,
2 Haciendo estar atento tu oído a la sabiduría;
Si inclinares tu corazón a la prudencia,
3 Si clamares a la inteligencia,
Y a la prudencia dieres tu voz;
4 Si como a la plata la buscares,
Y la escudriñares como a tesoros,
5 Entonces entenderás el temor de Jehová,
Y hallarás el conocimiento de Dios.

Proverbios 3:1-2
1 **Hijo mío**, no te olvides de mi ley,
Y tu corazón guarde mis mandamientos;
2 Porque largura de días y años de vida Y paz te
aumentarán.

Proverbios 3:11-12

11 No menosprecies, **hijo mío**, el castigo de Jehová,
Ni te fatigues de su corrección;
12 Porque Jehová al que ama castiga,
Como el padre al hijo a quien quiere.

Proverbios 3:21

21 **Hijo mío**, no se aparten estas cosas de tus ojos;
Guarda la ley y el consejo,

Proverbios 4:10

10 Oye, **hijo mío**, y recibe mis razones,
Y se te multiplicarán años de vida.

Proverbios 4:20-22

20 **Hijo mío**, está atento a mis palabras;
Inclina tu oído a mis razones.
21 No se aparten de tus ojos;
Guárdalas en medio de tu corazón;
22 Porque son vida a los que las hallan,
Y medicina a todo su cuerpo.

Proverbios 5:1-2

1 **Hijo mío**, está atento a mi sabiduría,
a mi inteligencia inclina tu oído,
2 Para que guardes consejo,
Y tus labios conserven la ciencia.

Proverbios 5:20-21

20 ¿Y por qué, **hijo mío**, andarás ciego con la mujer ajena,
abrazarás el seno de la extraña?
21 Porque los caminos del hombre están
ante los ojos de Jehová,
Y él considera todas sus veredas.

Proverbios 6:1-5

1 <u>**Hijo mío**</u>, si salieres fiador por tu amigo,
Si has empeñado tu palabra a un extraño,
2 Te has enlazado con las palabras de tu boca,
Y has quedado preso en los dichos de tus labios.
3 Haz esto ahora, <u>**hijo mío**</u>, y líbrate,
Ya que has caído en la mano de tu prójimo;
Ve, humíllate, y asegúrate de tu amigo.
4 No des sueño a tus ojos,
Ni a tus párpados adormecimiento;
5 Escápate como gacela de la mano del cazador,
Y como ave de la mano del que arma lazos.

Proverbios 6:20-22

20 Guarda, <u>**hijo mío**</u>, el mandamiento de tu padre,
Y no dejes la enseñanza de tu madre;
21 Atalos siempre en tu corazón, Enlázalos a tu cuello.
22 Te guiarán cuando andes; cuando duermas te guardarán;
Hablarán contigo cuando despiertes.

Proverbios 7:1-3

1 <u>**Hijo mío**</u>, guarda mis razones,
Y atesora contigo mis mandamientos.
2 Guarda mis mandamientos y vivirás,
Y mi ley como las niñas de tus ojos.
3 Lígalos a tus dedos; Escríbelos en la tabla de tu corazón.

Proverbios 19:27

27 Cesa, <u>**hijo mío**</u>, de oír las enseñanzas
Que te hacen divagar de las razones de sabiduría.

Proverbios 23:15

15 <u>**Hijo mío**</u>, si tu corazón fuere sabio,
También a mí se me alegrará el corazón;

Proverbios 23:19

19 Oye, <u>**hijo mío**</u>, y sé sabio,
Y endereza tu corazón al camino.

Proverbios 23:26
26 Dame, **hijo mío**, tu corazón,
Y miren tus ojos por mis caminos.

Proverbios 24:13-14
13 Come, **hijo mío**, de la miel, porque es buena,
Y el panal es dulce a tu paladar.
14 Así será a tu alma el conocimiento de la sabiduría;
Si la hallares tendrás recompensa,
Y al fin tu esperanza no será cortada.

Proverbios 24:21-22
21 Teme a Jehová, **hijo mío**, y al rey;
No te entremetas con los veleidosos;
22 Porque su quebrantamiento vendrá de repente;
Y el quebrantamiento de ambos, ¿quién lo comprende?

Proverbios 27:11
11 Sé sabio, **hijo mío**, y alegra mi corazón,
Y tendré qué responder al que me agravie.

Proverbios 31:2
2 ¿Qué, **hijo mío**?
¿y qué, hijo de mi vientre?
¿Y qué, hijo de mis deseos?

Capítulo 10

Artículo X
Satisfacción en el Pacto Matrimonial
Génesis 2:23-25

Adán y Eva vivieron juntos siendo *"ambos desnudos, Adán y su mujer, y no se avergonzaban"* (Génesis 2:25). Satisfacción física en el Pacto Matrimonial resulta de transparencia total y revelación de uno mismo emocionalmente, espiritualmente, mentalmente y físicamente. Intimidad física en el matrimonio no es sólo un acto, sino una interacción. Dios ha establecido las relaciones sexuales para la unión de los seres de la esposa y el marido: emocionalmente, espiritualmente, mentalmente y físicamente (Mateo 12:30). En el acto de intimidad física, el marido y la esposa están haciéndose muy vulnerables, y a la vez aceptando la responsabilidad por la vulnerabilidad del cónyuge. Esta vulnerabilidad nunca debe ser maltratada ni ignorada. Por lo tanto, es muy importante que tanto el marido como la esposa mantengan una perspectiva bíblica y obediencia a su parte de la intimidad física. Es muy importante recordar que si la tensión se desarrolla en este ámbito de la relación, el daño siempre se toma personalmente y se siente profundamente.

El Programa de Dios para la Intimidad Física

El Pacto Matrimonial encontrado en Génesis 2:23-24 provee una fuente de placer íntimo, que según el versículo 25 es aprobado y bendito por Dios . *"Y estaban ambos desnudos, el hombre y su esposa y no fueron avergonzados."* Este placer íntimo no debe causar vergüenza. El mundo ofrece estos mismos placeres fuera del matrimonio. Proverbios 9:13-17 da una descripción clara de la tentación del mundo para su placer, al describir las artimañas de la *"mujer insensata."* Dice, *"La mujer insensata es alborotadora; Es simple e ignorante. Se sienta en una silla a la puerta de su casa, En los lugares altos de la ciudad, Para llamar a los que pasan por el camino, Que van por sus caminos derechos. Dice a cualquier simple: Ven acá. A los faltos de cordura dijo: Las aguas hurtadas son dulces, Y el pan comido en oculto es sabroso."* El mundo ofrece la dulzura del pecado secreto y el encanto de la realización ilícita. Ofrece el gozo *"de los deleites temporales del pecado"* (Hebreos 11:25). Pero los placeres del mundo duran por un corto tiempo antes que la paina de la culpa y vergüenza está producida. Proverbios 9:18 concluye la descripción de las astucia de la mujer insensata diciendo, *"Y no saben que allí están los muertos; Que sus convidados están en lo profundo del Seol."* El programa de Dios para el placer íntimo es que continúe y crezca a través de los años. Dios ha creado a cada hombre y mujer con la capacidad de sentir dolor y placer. Estas habilidades no se crearon sin propósito. El dolor ayuda a proveer protección cuando algo está mal, y placer debe ser disfrutado según el plan de Dios para que nunca se experimente dolor a largo plazo.

En Génesis 2:25, Adán y Eva constituyen un ejemplo perfecto (sin pecado) de la intimidad del marido y su mujer. Adán y Eva nunca experimentaron la necesidad de vestirse, ni hubo ningún tipo de preocupación personal hasta que el pecado entró en su relación. Lo mismo debe ser la verdad para cada marido y mujer bajo el Pacto Matrimonial de Dios. Por ser puros delante de Dios y su cónyuge, no debe haber ningún motivo de vergüenza. Cada uno debe reconocer que fue creado exactamente como Dios quiso. Dios planeó que ellos fueron vistos por su cónyuge así como Adán y Eva caminaron juntos en el Huerto del Edén antes que se hicieron delantales.

❤ *¿Estamos comprometidos con el plan de Dios para la intimidad física y la franqueza total dentro del Pacto Matrimonial?*

La Bendición de Dios para la Intimidad Física

El plan de Dios para la intimidad sexual y el placer que se experimenta por un hombre y una mujer bajo el Pacto Matrimonial está totalmente aprobado y animado por Dios. Hebreos 13:4 dice, *"Honroso sea en todos el matrimonio, y el lecho sin mancilla; pero a los fornicarios y a los adúlteros los juzgará Dios."* Observa el contraste. Dios juzgará a todos aquellos que logran el placer sexual fuera del matrimonio, PERO la intimidad sexual y placer en el LECHO (cama) del matrimonio entre un esposo y una esposa es HONORABLE! Es honorable en TODAS las cosas. La libertad dada a un esposo y una esposa en la intimidad sexual es prácticamente sin límite porque es SIN MANCILLA. Un estudio cuidadoso del libro de Cantares revela el deseo de Dios para la relación del marido y su mujer. A través del libre entero, el marido y la esposa hablan de la belleza de sus cuerpos, los placeres que encuentran al su intimidad, y el anhelo de reunirse cuando están separados. El libro, en su forma poética, menciona detalladamente algunos de los placeres íntimos que disfrutaron. En los versículos 10 al 13 del capítulo 7, la novia da una muestra de su romance en su invitación a su novio cuando ella dice, *"Yo soy de mi amado, Y conmigo tiene su contentamiento. Ven, oh amado mío, salgamos al campo, Moremos en las aldeas. Levantémonos de mañana a las viñas; Veamos si brotan las vides, si están en cierne, Si han florecido los granados; Allí te daré mis amores. Las mandrágoras han dado olor, Y a nuestras puertas hay toda suerte de dulces frutas, Nuevas y añejas, que para ti, oh amado mío, he guardado."* Dios desea que la intimidad sexual en el matrimonio sea una experiencia grata y experiencia estimulante.

❤ *¿Creemos que la intimidad física en el Pacto Matrimonial es aprobada y bendecida por Dios?*

El Proceso de Dios para la Intimidad Física

Dios no separa la intimidad física del resto de la relación matrimonial. Es una extensión y una bendición adicional del matrimonio bien mantenido. Por esta razón, es muy importante que ambos constantemente estén cumpliendo sus funciones dadas por Dios en su Pacto Matrimonial. El marido que amorosamente vive de acuerdo con su conocimiento de su esposa y le da *"honor a la [su] mujer como a vaso más frágil"* naturalmente de desarrollará un ambiente invitador en el que su esposa va a sentir su cariño y desear intimidad (I Pedro 3:7). Así, la mujer que honra a su marido y que adorna a sí misma con un *"espíritu afable y apacible"* encontrará a su marido atraído a ella y deseando intimidad (I Pedro 3:4). Dios lo ha hecho que el marido que viva sabiamente (en amor) con su esposa a través de la vida encontrará que ella querrá conocerlo en la intimidad sexual (hacer el amor). Y una esposa que honra (somete a) su marido encontrará que él va a desear a honrarla en su intimidad sexual (manejarla como un vaso más frágil) (I Pedro 3:1-7).

El marido y la mujer que se dedican a unirse en las de más áreas de su matrimonio naturalmente encontrarán sus vidas tocandose constantemente. Porque están unidos el Pacto Matrimonial no necesitan seguir el aviso de Pablo en I Corintios 7:1 que dice: *"... bueno le sería al hombre no tocar mujer."* Tienen todo el derecho y buenas razones por tocarse y gozar los resultados naturales. Pablo continúa diciendo, *"pero a causa de las fornicaciones, cada uno tenga su propia mujer, y cada una tenga su propio marido"* (I Corintios 7:4). La intimidad sexual en el matrimonio se basa en el "toque" de una relación bien entre tejida y se destruye por el *"choque"* de una relación deshilachada.

❤ *¿Estamos comprometidos con vivir estrechamente unidos para desarrollar una relación diaria que naturalmente produce la intimidad física?*

La Protección de Dios en la Intimidad Física

Dios ha creado la humanidad con la capacidad y el deseo de experimentar la intimidad sexual. Sin embargo, el pecado ha destruido la creación perfecta de Dios y su programa. Debido a esto, Dios ha establecido que el matrimonio no es solamente el lugar para la intimidad sexual, sino también la protección contra la intimidad inmoral. I Corintios 7:1 y 2 dicen, *"En cuanto a las cosas de que me escribisteis, bueno le sería al hombre no tocar mujer; pero a causa de las fornicaciones, cada uno tenga su propia mujer, y cada una tenga su propio marido."* La palabra *"pero"* es una declaración de transición y presenta la solución a la fornicación–un matrimonio bíblico. Verso 9 reafirma este pensamiento cuando dice, *"pero si no tienen don de continencia, cásense, pues mejor es casarse que estarse quemando."* Dios no quiere que ningún individuo sufra ni caiga en tentación debido a su deseo por intimidad sexual. Por el contrario, Él presenta un programa de protección a través de una solución honorable: el matrimonio.

Proverbios 5:15-23 utiliza un texto poético para presentar un mandato claro y aviso cuando dice *"Bebe el agua de tu misma cisterna, Y los raudales de tu propio pozo. ¿Se derramarán tus fuentes por las calles, Y tus corrientes de aguas por las plazas? Sean para ti solo, Y no para los extraños contigo. Sea bendito tu manantial, Y alégrate con la mujer de tu juventud, Como cierva amada y graciosa gacela. Sus caricias te satisfagan en todo tiempo, Y en su amor recréate siempre. ¿Y por qué, hijo mío, andarás ciego con la mujer ajena, Y abrazarás el seno de la extraña? Porque los caminos del hombre están ante los ojos de Jehová, Y él considera todas sus veredas. Prenderán al impío sus propias iniquidades, Y retenido será con las cuerdas de su pecado. El morirá por falta de corrección, Y errará por lo inmenso de su locura."* La condenación siempre llega a aquellos que buscan el placer sexual fuera del matrimonio. Salomón aconsejó a su hijo que toda su pasión y placer se centre en *"la mujer de tu [su] juventud."* Al hacerlo, evitará el marido que mire a una mujer para *"a una mujer para codiciarla,"* y que adultere *"con ella en su corazón"* (Mateo 5:28). También, la mujer siempre debe reverenciar a su marido por mantenerlo como su fuente de seguridad y cumplimiento emocional para que ella no sea distraída por otro hombre (Proverbios 31:10-12, Efesios 5:33). Un esposo y una esposa deben encontrar un refugio cálido, preparado contra los ataques del pecado sexual en los brazos de otro.

❤ *¿Estamos comprometidos a satisfacer las necesidades de la intimidad física dentro del Pacto Matrimonial?*

La Frecuencia de Dios para la Intimidad Física

Porque el diseño de Dios es que el hombre y la mujer disfrutan la intimidad sexual, también previo la relación correcta para lograr estos placeres dentro del Pacto Matrimonial. Y porque Dios sabe la fuerza de las necesidades sexuales del hombre y la mujer, Él a instruida al pareja casada, *"No os neguéis el uno al otro, a no ser por algún tiempo de mutuo consentimiento, para ocuparos sosegadamente en la oración; y volved a juntaros en uno, para que no os tiente Satanás a causa de vuestra incontinencia"* (I Corintios 7:5). La palabra *"neguéis"* presenta la idea de la injustamente retención o abstención de algo. Dios no dio un horario específico para la intimidad sexual, pero Él es muy claro que debe pasar tan regularmente como sea posible a fin de evitar la tentación de Satanás. I Corintios 7:3 y 4 introducen el mandato encontrado en el versículo 5 diciendo: *"El marido cumpla con la mujer el deber conyugal, y asimismo la mujer con el marido. La mujer no tiene potestad sobre su propio cuerpo, sino el marido; ni tampoco tiene el marido potestad sobre su propio cuerpo, sino la mujer."* Un esposo y una esposa deben procurar satisfacer las necesidades de la intimidad sexual en la vida de su pareja. Son la única fuente de satisfacción el uno del otro y deben disfrutar el privilegio de ser encargados con una necesidad tan preciada y personal.

Si la intimidad sexual no se practica con frecuente, y si cada persona no busca utilizar su cuerpo (cualquier parte o todo) para agradar y satisfacer las necesidades del otro, Satanás tendrá la oportunidad a desarrollar dudas acerca del amor y honor entre sí y hasta destruir su relación. Sin embargo, como un marido busca satisfacer las necesidades, deseos, sueños, etc., de su esposa en su intimidad sexual, encontrará a su esposa totalmente segura en su amor y el honor por ella. Asimismo, mientras una esposa intenta cumplir las necesidades, deseos, sueños, etc. de su marido en su intimidad sexual, ella encontrará a su marido totalmente seguro en su sujeción y honor de él.

❤ *¿Estamos comprometidos a mantener la frecuencia de nuestra intimidad física para protegernos mutuamente de la tentación de los pecados sexuales?*

El Plan de Dios para la Intimidad Física

Génesis 4:1 dice *"Conoció Adán a su mujer Eva, la cual concibió y dio a luz a Caín, y dijo: Por voluntad de Jehová he adquirido varón."* ¡Qué tan significativo es que la palabra *"conocer"* se utiliza para describir las relaciones físicas! El deseo de Dios es que un esposo y una esposa se "conozcan" el uno al otro mejor debido a su intimidad física. Para que un esposo y una esposa se conozcan de verdad, deben explorar mutuamente sus deseos mientras experimentan juntos el placer de todo. I Pedro 3:7, al hablar a maridos, dice, *"Vosotros, maridos, igualmente, vivid con ellas sabiamente, dando honor a la mujer como a vaso más frágil, y como a coherederas de la gracia de la vida, para que vuestras oraciones no tengan estorbo."* Un esposo y una esposa deben colaborar para saber mejor como cumplir esta obligación conocerse en su unidad física. Deben buscar a vivir "sabiamente" (I Pedro 3:7) para que se conozcan (Génesis 4:1). Para lograr esto, deben estar dispuestos a comunicar y escuchar atentamente a los deseos del otro. Cada cónyuge debe estar constantemente atento a las respuestas del otro y siempre dispuesto a dar de sí mismo para complacerle. Deben tomar tiempo y energía para estudiar a su cónyuge para que puedan aprender cómo el tiempo, contacto, ubicación, etc., afectan el placer recibido por su pareja. Un esposo y una esposa deben disfrutar el explorarse y compartir los resultados de su exploración. Sin embargo, deben tener cuidado que nunca permitir que ninguna desilusión ni expectativa no cumplida se convierta en obstáculo a su relación, sino que todo se acepte como nuevos detalles aprendidos para mejorar su la próxima oportunidad para estar juntos.

❤ *¿Estamos dispuestos a dedicar tiempo para comunicar abiertamente nuestros deseos y experiencias personales para que podamos crecer en nuestro conocimiento el uno del otro?*

❤ *¿Estamos comprometidos a usar el conocimiento ganado para proveer mayor placer mutuo en el futuro?*

La Escala de Intimidad Física

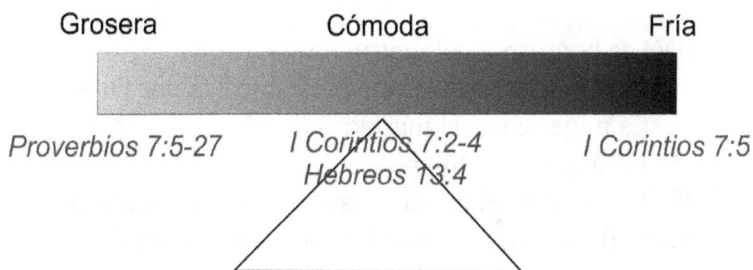

Grosera   Cómoda   Fría

Proverbios 7:5-27   *I Corintios 7:2-4*   *I Corintios 7:5*
Hebreos 13:4

Las P's de Intimidad Física Apropiada
Incluyendo la Totalidad del Hombre
Mateo 12:30

¿Qué es Honroso en el Matrimonio?
Hebreos 13:4

♡ TODO es honroso en el matrimonio
*La relación del marido y mujer establecida por Dios
**La mujer con SU marido
**El marido con SU mujer
♡ TODO es pura en el lecho (relaciones matrimoniales)
*El acto de sexo matrimonial es bendecido por Dios

❤ NADA es honroso en fornicación ni el adulterio
*Fornicación - Todos los actos sexuales, antes del matrimonio, con otra persona en límite o extremo por los pensamientos o los actos actuales
*Adulterio - Todos los actos sexuales, durante el matrimonio, con otra persona que no es tu cónyuge en limite o extremo por los pensamientos o los actos actuales
❤ NADA es puro en la fornicación ni el adulterio

*La Pregunta - Sí TODO es honroso y puro en el acto de sexo en el matrimonio, pero juzgado por Dios en fornicación y adulterio, ¿cuál es la diferencia; las prácticas o las personas?

*Este versículo ofrece TODA LIBERTAD en el sexo matrimonial con las únicas limitación de que únicamente los cónyuges son los participantes y que basado en amor Bíblico, no daño espiritual ni físico se causa el uno al otro.
**Cualquier placer
**Cualquier tiempo
**Cualquier manera
**Cualquier lugar (privado)

Nunca incluir a otras personas en el lecho matrimonial por videos, libros, fotos, imaginaciones, etc.
Sexo es una aventura compartida liberalmente.
Disfrutar de la exploración conjunta hasta el extremo.

Consejos para la Intimidad

1. La limpieza promueve la cercanía (bañarse, aliento fresco, etc., ayudan a eliminar distracciones).
2. Paciencia produce placer mutuo (tomando tiempo en el proceso ayuda a asegurarse que ambos estén preparados para el clímax).
3. Aseo personal alvita la ofensa (afeitado, uñas cortadas, etc., permiten que la piel se alisa y suave en lugar de brusca y cuchillos).
4. Manos suaves proveen el toque suave (lociones, aceites, etc., pueden ayudar a asegurarse de que su piel sea lisa y suave).
5. El ambiente ayuda a la emoción (sonidos, olores, iluminación, etc., ayudan a construir o destruir el romance).
6. Cariño enciende la llama (palabras amables, toques suaves, acciones consideradas, etc., durante todo el día ayudarán a formar una relación amorosa de hacer/expresar el amor).
7. Ubicación puede aumentar el encanto de la aventura (tener un lugar privado pero a veces diferente ubicación puede ayudar a crear aventura y recuerdos agradables para el futuro).
8. Posicionamiento es clave (posiciones cómodas ayudará a proveer placer en lugar de dolor).
9. Un encuentro sexual "rápido" apacigua mientras el tomar tiempo aumenta el placer (previendo un "rápido" puede ser disfrutado y ayuda a mantener la pasión satisfecha y producir provisión para cuando haya más tiempo y energía).
10. El coqueteo puede aumentar el deseo (que es bueno) pero el deseo no realizado produce frustración (que es malo).
    *No se debe pasar largos períodos de tiempo en generar la expectativa de intimidad sin comunicación adecuada y planificación para el cumplimiento de los deseos.

Las Diferencias Ilustradas en la Intimidad de un Hombre y una Mujer

*Hombres desfrutan el resultado final
(lo más rápido y más agresivo lo mejor)
Mujeres desfrutan el proceso para llegar
(lo más lento y más suave lo mejor).*

☺ Los hombres son como muñeco que brinca de la caja de sorpresa Jack en los cuadros y las mujeres son como la plasticina.

☺ Los hombres son como microondas y las mujeres son ollas de cocción lenta.

☺ Los hombres trabajan con bulldozer y mujeres como plumeros.

☺ A los hombre les gusta conducir rápidamente para llegar pronto, mientras a las mujeres les gustan paseos tranquilos para llegar segura.

*(Estas no son leyes, simplemente generalidades.)

*Intimidad física en el matrimonio
es como una rompecabezas.
Cada pareja debe trabajar junto
para alinear cada área de su relación
para producir la bella imagen que se encuentra
en la relación física de una sola carne que es
matrimonio.*

La Prevención de Tensión en la Intimidad

1. El mal entendimiento
   a. La intimidad física entre esposo y esposa nunca debe considerarse como algo sucio o barato.
      i. Dios la creó y dijo que era bueno (Génesis 1:26-31)
      ii. Dios la bendice con hijos (Génesis 1:28a, Salmos 127:3)
      iii. Dios dice que debe ser frecuente (I Corintios 7:1-5)
      iv. Dios dice que es *"sin mancilla"* (Hebreos 13:4)
   b. La intimidad física entre un esposo y una esposa debe reconocerse como un compartir, no sólo de sus cuerpos, sino de todo su ser. (Génesis 2:23-25)
   c. La intimidad física debe ser anticipado y disfrutado por ambos. (Proverbios 5:18-19, Cantares)
   d. La intimidad física debe revelar el amor sacrificial de uno para el otro de la paciencia y comunicación. (I Corintios 7:3-5, 13:4-8, Efesios 5:28-29, I Pedro 3:7)

      Las prácticas del amor bíblico (I Corintios 13:4-8) mientras se hace/expresa el amor serán la prueba del amor verdadero.

2. Las relaciones pasadas
   a. Las relaciones pasadas nunca deben ser una fuente de comparación para una relación bíblica de una sola carne. (Proverbios 9:17-18, Hebreos 11:25b)
   b. Las relaciones pasadas deberían haber se reveladas mutuamente para que ninguna vergüenza secreta causar división. (Lucas 8:17).
   c. Las relaciones pasadas que han producido pecado pero que fueron confesadas bíblicamente no se deben permitir a destruir la aceptación, la aprobación, y la bendición de Dios en la libertad

sexual total dentro de la relación de esposo y esposa. (Proverbios 5:15-23, Hebreos 13:4)

Cualquier práctica sexual que formaba parte de una relación impía no debe ser despreciada cuando sea practicada ahora dentro de la relación de esposo y esposa como una sola carne.

d. Las relaciones pasadas que eran pecaminosas deben ser consideradas totalmente erróneas y cualquier fruto producido debe ser aceptado humildemente por ambos. (Gálatas 6:7-8)

3. La falta de educación (I Pedro 3:7)

a. Tanto un marido como una esposa debe estudiar para conocer la anatomía física de su pareja para que pueda proveer el mejor placer para su cónyuge.

Cuando sea necesario, el marido y la mujer deben utilizar materiales educativos para ayudar a comprender cómo Dios les ha diseñado para disfrutar de su intimidad física.

La pornografía nunca debe ser confundido con el material educativo porque siempre traerá el daño a la relación.

b. Un marido y una mujer deben entender que el placer en la intimidad física no "solo sucede" como se relata en las películas y libros.

Intimidad física es como una rompecabezas: lleva tiempo, paciencia, y deseo intenso para linear todas las piezas correctamente para que la imagen bella pueda ser revelada.

c. Un marido y una esposa deben estar dispuestos a ser verbalmente honestos y reveladores en cuanta a sus cuerpos y cómo su cónyuge les puede proveer placer.

d. Un marido y una esposa deben asegurarse de que no tienen ningún tipo de alergia y que están utilizando correctamente las lociones, aceites, etc., de intimidad a fin de evitar irritaciones o infecciones.

e. Un marido y una esposa deben estar dispuestos a discutir cualquier pregunta o inquietud con un profesional médico sí sea necesario.

4. La frecuencia (I Corintios 7:2-5)

   a. Un esposo y una esposa deben aceptar que Dios ha diseñado que la intimidad física en el matrimonio sea frecuente para que la tentación no les sobreviene.

      i. Una esposo y una esposa deben buscar oportunidades para disfrutar sus momentos de intimidad física (aun si necesitan planear día y horas).

      ii. Ni un esposo ni una esposa debe hacer excusas falsas para evitar la intimidad físicamente con su cónyuge.

      Ni el esposo ni la esposa tiene autoridad sobre su propio cuerpo, sino más bien se ha delegado la autoridad sobre su cuerpo a su cónyuge (vs. 4).

      iii. Un esposo y una esposa deben estar dispuestos a proveer satisfacción el encuentro sexual "rápido" o cuando el tiempo es limitado o se les impide satisfacer el deseo mas completamente para que Satanás no les tiente con un deseo impío.

   b. Un esposo o una esposa no deben imponer expectativas poco realistas sobre el otro basado en su horario, salud física, etc.

   La única razón bíblica para no participar en la intimidad física es oración y ayuno cuando haya un acuerdo entre el marido y la esposa. (La cantidad de tiempo provisto en el antiguo testamento para la limpieza espiritual que no incluía ninguna intimidad física fue tres días - Éxodo 19:15, I Samuel 21:4-6).

    c. Un esposo o una esposa nunca debe retener o utilizar intimidad física como una arma para la manipulación.

5. Las expectativas incumplidas (Proverbios 13:12, I Corintios 7:2-5)

    a. Un marido y una mujer nunca deben aceptar como la realidad el concepto ni la propaganda del mundo acerca de la intimidad física.

    El propaganda de Satanás y del mundo nunca revela toda la verdad. Una relación correcta de intimidad físicamente es mucho más que irse a la cama y "dejarlo" suceder. Es un trabajo que dura todo el día y cuando se logra en unidad, provee el más alto placer y unidad.

    La pornografía en los libros, las fotografías ni los videos nunca deben ser un padrón o estimulante para la intimidad física.

    b. Un esposo y una esposa deben encontrar satisfacción completa entre sí y comprender que es un regalo de Dios diseñado específicamente para proveer la alegría y el placer que Él ha planeado para ellos. (Proverbios 5:15-23)

    c. Un esposo y una esposa nunca deben caer por la tentación de Satanás que hay algo mejor por ahí. Proverbios 9:17-18 es clara, **"Las aguas hurtadas son dulces, Y el pan comido en oculto es sabroso. Y no saben que allí están los muertos; Que sus convidados están en lo profundo del Seol."**

    d. Un esposo o una esposa puede ser renuente a la aventurera mientras el otro está buscando más aventura. (I Corintios 7:3-4, Hebreos 13:4)

Cantares es un libro que expresa una gran aventura en intimidad matrimonial.

i. El cónyuge que lucha con la aventura debe estar seguro que sus temores no resultan de sentirse culpable por algo en su pasado o de la vergüenza. En el Pacto Matrimonial no hay nada explícitamente prohibido entre un esposo y una esposa.

ii. El cónyuge que lucha con la aventura debe recordar que está supuesto a proveer todo el placer posible a su cónyuge.

iii. El cónyuge que busca aventura debe aplazar la conciencia, voluntad, sentimiento y habilidades de su cónyuge a fin de mostrar el amor verdadero.

e. Un esposo y una esposa deben protegerse de tomar personalmente cualquier titubeo o rechazo de un "avance" íntimo (I Corintios 13:4-8).

Igualmente, el marido y la mujer deben ser cautelosos acerca de titubear o rechazar un avance de parte de su cónyuge, sabiendo que, aunque tengan buena causa en su mente, su esposo hizo el avance porque estaba interesado en competirse íntimamente sin importar las circunstancias (este rechazo podría tomarse personalmente).

Los Otros Estudios Bíblicos y Libros
disponible por
Los Ministerios de Andando en la PALABRA
www.walkinginthewordministries.net

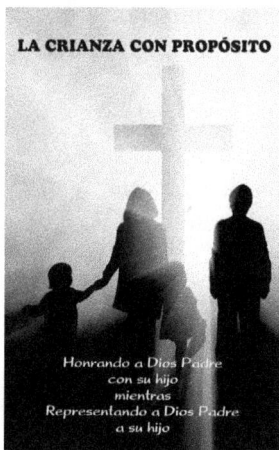

LA CRIANZA CON PROPÓSITO

Honrando a Dios Padre
con su hijo
mientras
Representando a Dios Padre
a su hijo

La Crianza con Propósito

Seis estudios
sobre la crianza bíblica.
Los primeros tres estudios se enfoquen en
la necesidad de los padres
de honrar a Dios con su niño.
Los últimos tres estudios se enfoquen en
cómo los padres tienen que representar
Dios Padre a su niño.

Una Guía de Bosquejo para El Camino del Calvario de Roy Hession

Esta guía en forma de bosquejo
fue escrita para mejorar
su capacidad de comprender, recordar,
y aplicar las verdades espirituales
importantes compartidas en
El Camino del Calvario.

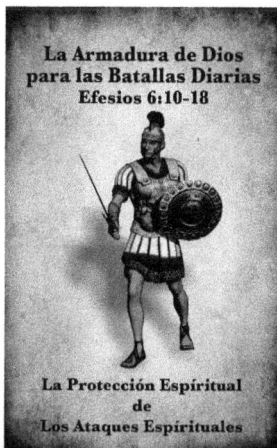

Una
Guía de Bosquejo
para

El
Camino
del
Calvario

ROY HESSION

Edición del Maestro
Pastor Jeremy Markle

La Armadura de Dios
para las Batallas Diarias
Efesios 6:10-18

La Armadura de Dios para las Batallas Diarias

Un estudio diario
para ayudar a los creyentes
a aprender y aplicar
los recursos espirituales
que Dios el Padre les da
para vivir la vida victoriosa.

La Protección Espiritual
de
Los Ataques Espirituales

Los Componentes Básicos para una Vida Cristiana Estable

Cinco estudios explicando
la importancia de y como organizarse
en la oración,
el estudio bíblico,
las verdades bíblicas,
los versículos de memoria,
y la predicación.

La Búsqueda para la Mano de Dios en Mi Vida

Un estudio de seis temas importantes
para que un creyente pueda ver
el cuidado y la dirección de Dios
en su vida.

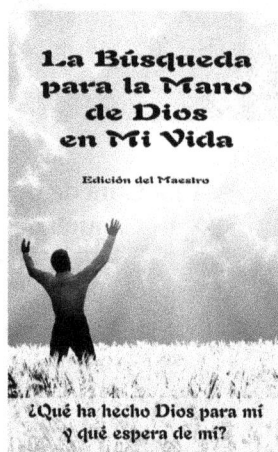

El Corazón del Hombre

Un análisis Bíblico
tocante a la salvación,
los primeros pasos de la obediencia,
y la vida nueva.

¿Qué dice la Biblia sobre:
La Salvación?,
El Bautismo?,
La Membresía de la Iglesia?

Tres estudios sencillos
para investigar y repasar
la salvación
y los primeros pasos de obediencia
en la vida del creyente.

¿Quiénes Son Los Bautistas?
Según Sus Distintivos

Un estudio bíblico
de las ocho creencias básicas
de los Bautistas.

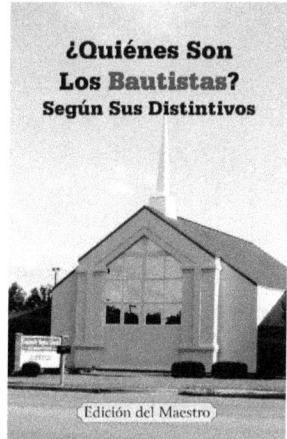

¿La Voluntad de Dios
es un Rompecabezas para Ti?

Un estudio y formulario bíblico
para encontrar la voluntad de Dios
para su vida.

www.ingramcontent.com/pod-product-compliance
Lightning Source LLC
Chambersburg PA
CBHW061945070426
42450CB00007BA/1055